昭和激動期の出版編集者

それぞれの航跡を見つめて

宮守正雄［著］

中央大学出版部

目　次

昭和激動期の出版編集者

——それぞれの航跡を見つめて——

I　戦中から戦後の書評新聞編集者

——日本読書新聞・圖書新聞・週刊読書人が誕生するまでの記録

私が約2年間の中国大陸での軍隊生活を終え大学に復学したのは日本敗戦の年の翌年1946（昭和21）年4月であった。東京・日本橋の家は空襲で焼かれ，親戚の家（藤沢市鵠沼海岸）から学校へ通ったが，列車は超満員，網棚の棒につかまって，ガラスの無い窓から両足を外に出して乗っていたこともよくあった。東京の街にはアメリカ兵と“パンパン・ガール”と当時呼ばれた春をひさぐ女の人が目立った。そして多くの日本人たちは食糧と生活物資の欠乏の中，これからどう生きていったらいいのか，と思い悩んでいた。

こうした状況の中で，学校で勉強できるということは，恵まれ過ぎたことだ，と思わずにはいられなかった。戦死や戦病死した友人，また経済的な理由などによって学校をやめてしまう学友たちも多かった。

“狂信的な”軍国主義者にはならなかったにしても，戦前・戦時の思想・言論統制下の学校教育と，新聞・雑誌・ラジオ（テレビはまだ無い）などによって時代の動きの真実を的確につかめず，その結果，日本陸軍の兵士の一員として戦場に行き，中国の人びとに対する加害者になった。その責任を考え，再び同様の過ちをおかさないため私には歴史，とくに日本の近代史の勉強と，広い視野を持つための幅広い読書が欠かせないものであった。

『日本読書新聞』をはじめて読んだのは1年生も終わろうとする1947（昭和22）年の2月頃であったか，と思う。以後，かなり熱心な読者となり，たくさんの優れた著者の本と，主な総合雑誌の重要論文を知り，これらを読むことができた。

1948（昭和23）年6月2日号の『日本読書新聞』に編集部員募集の記事が掲載された。「最近の総合雑誌についての感想文」(400字詰め3枚）という課題作文の提出が第一関門であった。

原稿を送ったが，志望者が多く，合格はほとんど期待していなかった。しかし面接の通知，そして「7月1日から出社してください」というハガキがきた。翌年3月が卒業だから「7月1日の出社とは？」と思って問い合わせたところ「7月です」ということであった。前年，父を亡くしており，卒業のための単位はあと10単位（全60単位）だったから，「半年早く社会に出てみるか」と，7月1日から出社した。

後述するが，私は1950（昭和25）年3月，前年，田所太郎氏が創刊した『圖書新聞』に移り，1970（昭和45）年1月まで，『日本読書新聞』から通算すると約22年間，書評新聞の編集の仕事をつづけた。関係者の多くが亡くなられていく今，『日本読書新聞』『圖書新聞』『週刊読書人』の3紙が，どのようにして誕生したのかを記してみることにする（以下，文中の敬称を略します)。

1

『帝大新聞』の編集に打ち込んだ田所太郎の学生生活

田所太郎（1911〈明治44〉年，東京・下谷生まれ）が，旧制松江高校から東京大学（当時は東京帝国大学）の仏文科に入学したのは1934（昭和9）年4月であった。

週刊の『帝国大学新聞』(略称『帝大新聞』。大学付属の帝大新聞社の発行）の編集部員採用試験を受けた田所は，杉浦明平（2年生）とともに合格した。編集部の先輩は最上級生（3年生）の扇谷正造，2年生の田宮虎彦，岡倉古志郎，石上清，花森安治（松江高校で田所の同級）であった。新聞社の経営の実権は新聞を創刊した先輩の久富達夫，その後継者の奥山達，そして編集と広告の責任者・野沢隆一が握っていた。

部員たちはアルバイト料として月額5円（1年生），10円（2年生），15円（3年生）の手当をもらい，忙しいために，ほとんど毎日出勤して仕事をつづけた。

『帝大新聞』は田所が編集者になった昭和9年頃には“教養紙・文化紙”として売れ行きが良く，8頁建てから常時12頁建てに増頁するという勢いであった。発行部数も3～5万部といわれ，これは『帝大新聞』が東京帝大の“学内紙”だけに止まらず日本の知識層の間で広く読まれ，支持された新聞であったことを示している。

田所は卒業までの3年間（1934～37〈昭和12〉年3月）を「仏文学の勉強よりも新聞の仕事に打ち込んだ」（田所）が，この時期には美濃部達吉教授の天皇機関説への攻撃と，美濃部に対する右翼の襲撃事件（1935年）など“言論と思想弾圧”が次第に激化していった。美濃部は『帝大新聞』創刊以来顧問をつとめ，「銀杏クラブ」（『新聞』出身者たちの親睦組織）の総会には，ほとんど出席していた。『帝大新聞』編集部は美濃部擁護の紙面づくりに努力したが，これは右翼テロの危険への不安と緊張感がともなう作業であった。

つづいて陸軍の皇道派の青年将校が下士官・兵1400余名を率い斎藤實内大臣，高橋是清蔵相などを殺害した2.26事件（1936〈昭和11〉年2月26日）が起こった。そして田所が卒業した年の1937年12月4日には，矢内原忠雄教授が帝大の教壇を追われた（11月24日，経済学部長の土方成美が「矢内原の言論活動は平和主義で時局にそぐわぬ」と非難）。さらに1938（昭和13）年10月5日には河合栄治郎教授の著書『ファシズム批判』など4著書が発禁となり，河合も帝大を追放された。

「どこで，そんな調子を身につけちゃったのかなァ」

田所は，大学2年生のある日，築地座の友田恭助から小山祐士の戯曲「瀬戸内海の子供ら」の主人公になるテストを受けてみないか，との電話をもらい，東京・田村町の飛行館にある築地座の事務所に出向いた。友田，田中千禾夫，田村秋子たちが並んでいる前で，田所は脚本の一部の朗読を命じられた。「かなりの自信をもって」（田所）読み上げていったが，10分ほどすると，友田の長い顔が横にゆれて，手があがった。「どこで，そんな調子を身につけちゃったのかなァ」。

友田のこの一言で落第であった。

役者への道は「あきらめた」が，田所は劇作家への志を昭和30年代頃まで持ちつづけていた。「文学のいろんな形のなかで，前から戯曲がいちばん好きであった。純度が高いと同時に通俗でもあることが好きであった」（田所著『戦後出版の系譜』日本エディタースクール出版部）。

ところで田所の「松江高校のころ」という文章（前掲書）の中に、こういう記述がある。「……なるべく学校に行かない代りには自分が理解できると思う本はできるだけ読んだつもりであり，当時流行の学生運動や政治運動という集団や組織に加わる代りには，生意気にも人間の孤独とか個人主義とかという問題について，ひとりだけで考えることを自分の日課としていたつもりであった……（略）」。

田所は，少年時代，生母が家を出て，祖母に育てられる，という日々を送った，という。多感な少・青年期の田所は，読書、そして文学，演劇などの世界に強い関心を持ち，当面の政治・社会状況に対しては，ある距離を置く，という姿勢を帝大入学後もくずさなかった。このため「思想問題に無関心」（杉浦）と友人からはみられていたようである。

『日本読書新聞』編集長に推薦される

田所は卒業から数年間，三省堂の宣伝部，つづいて文部省社会教育局映画課に籍を置いていたが，1941（昭和16）年８月，新生の『日本読書新聞』（以下『読書』と略称）の編集長に就くことになった。

ところで旧の『読書』の発刊は1937（昭和12）年３月５日。東京出版協会加盟の有力出版社が，前年，『東京朝日』『東京日日』『大阪朝日』

『大阪毎日』の各紙がいっせいに広告料の値上げを行ったことに対して“広告出稿”を拒否，そして出版界自らが有力な宣伝・広告媒体を作るべきだ，との意向を協会の首脳に伝えた。協会はそれまで出していた『新刊月報』を廃刊，新構想のもとに『読書』を発刊した（発行元は〈株〉日本読書新聞社）。しかし関係者たちの努力にもかかわらず部数は計画のようには伸びず，経営が苦しくなった。そこで1940（昭和15）年12月に発足した日本出版文化協会（会長・鷹司信輔）に『読書』の紙名や発行権などを譲って解散したのである（1941〈昭和16〉年8月）。

“出版を通して高度国防国家の確立に寄与する”などを目的に設立された日本出版文化協会の「機関紙」として新しく発行されることになった『読書』の人事と編集について，文化局長の松本潤一郎（当時法政大学教授）は，以前『帝大新聞』の記者として原稿依頼などに来て親しくなった野沢隆一に相談した。野沢は後輩の田所を編集長に推薦，そして野沢も松本からの頼みで顧問を引き受けることになった。松本は『帝大新聞』の熱心な読者であり，新生の『読書』は，『帝大新聞』の書評頁を拡充したような内容のものを構想していた。

新生の『読書』は，田所，そして山形暢彦（『帝大新聞』の後輩），その後に加わった郡山澄雄（法政大），長岡光郎（東京帝大）たちの地道な努力と編集作業によって，それまでの新刊案内や出版業界情報紙とは異なる“書評文化紙”として生まれ変わり，成長しはじめていこうとしたのである。しかし1941（昭和16）年12月8日，日本政府はアメリカとイギリスに対して宣戦を布告，1945（昭和20）年の敗戦の日（8月15日）までの約4年間，日本は“狂暴な軍国主義”体制の時代へところげ落ちていったのである。

“狂暴な”言論統制下での「自由主義」的な編集作業

1943（昭和18）年3月11日，「日本出版会」の創立総会が早大大隈講堂で開催され，つづいて「日本出版文化協会」の臨時総会が開かれ「日本出版会」への発展的移行措置が決定した。３月26日設立認可された特殊法人の日本出版会は，情報局の下部機関の役割を担い，①出版物の事前審査，②出版物の発行についての許可権を持つ，③政府の方針に協力的でないと判断した雑誌や本について用紙の割当を減らしたり，停止したりする権限を持つ，④出版社の整理統合をすすめる，などの言論・出版統制機関であった。

日本出版文化協会の職員と機関紙『日本読書新聞』は同会に引き継がれたが，編集部の田所たちは“編集の自由”がせばめられていく時代の中にあって，理性を失なわない一部の知識層に支持される書評ジャーナリズムを作りあげよう，と努めていく。しかし，これは容易なことではなかった。Ⅷ章の「言論・出版統制の狂涛の中で――理性と自由擁護に苦闘した畑中繁雄編集長」でくわしく記すが，この時期には言論・出版を直接・間接的に弾圧する法規は13もあった（治安維持法，出版法，新聞紙法，国家総動員法，新聞紙掲載禁止令，新聞事業令，言論出版集会結社等臨時取締法，同施行規則，戦時刑法特別法，国防保安法，軍機保護法，不穏文書取締法，軍用資源秘密保護法）。

そして新聞・出版・放送・映画・演劇・音楽・美術・学問研究などをはじめ，ありとあらゆる広い分野にわたって監視し，統制・弾圧に狂奔した機関と，人びとがいた。陸軍省軍務局と大本営陸海軍報道部の関係軍人たちと，その思想幕僚。内閣情報局，内務省，司法省，特別高等警察，外務省報道部，派遣軍情報部，憲兵隊，大政翼賛会，国民精神総動員本部等々の関係者たち。さらに，これらの人びとと陰に陽に気脈を通じる一連の“御用学者と文化人と新聞記者や編集者”たちであった。

こうした状況下，言論統制機関の日本出版会の機関紙でありながら『読書』の編集が，「軍国主義と戦争宣伝一色」だけに堕さず，“最小限”とはいえ「自由主義」的な色彩を辛うじて維持し得たのはなぜだろうか。

情報局は，日本出版会の会長に毎日新聞社の要職にあった久富達夫を就けた。久富は前述したように『帝大新聞』を創刊した田所の先輩であった。そして『読書』の顧問の野沢隆一も先輩，さらに出版会での上司で『読書』と書評雑誌の『書評圏』（計画だけで刊行されなかった）の総括責任者・福林正之もそうであった。なお、この書評誌の編集長には，田所と一緒に『帝大新聞』編集部に入った前記の杉浦明平（後に作家）が迎えられた（杉浦は「日本出版文化協会」に田所よりも遅れて入った）。

ところで，日本出版会の前身の日本出版文化協会は、この頃会長が飯島幡司，文化局長・田中四郎（「アララギ」の歌人），総務課長・古賀英正（後の作家・南條範夫）。そして書評誌発刊のための編集顧問は大熊信行，編集員は杉浦と神田隆（後に俳優），斎藤錬三郎（後に作家・柴田錬三郎）であった。なお，同協会では石母田正や武田泰淳たちも「本の査定」の仕事をしていた。また軍部の圧力で『中央公論』の編集長を辞した小森田一記も同協会が日本出版会になった頃に入り，「出版社の企業整備」（整理・統合）の仕事をしながら生活の糧を得ていたが，1944（昭和19）年1月29日「横浜事件」で検挙された。

日本出版文化協会から日本出版会へと政府の思想・言論統制が強化される中で，「自由主義」的な考えの前記の人びとも程度の差はあれ軍国主義に“同調”せざるを得なくなっていくわけだが，機関紙『読書』の紙面をすべて狂信的な戦争遂行勢力に占めさせなかったのは，田所たちの編集部と，これを陰から支えた自由主義的なこれらの人びと，そして一部の執筆者たちであった（もちろん 100%の戦争宣伝紙に堕せば知識層の読者は見向きもしなくなる，ということも編集の“歯止め”の一つとして働くが……）。

ところで，当時の『読書』と田所についての杉浦の次の文章（前掲・田所の著書の巻末に所収「田所太郎のこと」1975年執筆）がある。

……（略）福林氏は遊んで月給をもらっている私（筆者注＝前記の杉浦編集長の書評誌は発行できなかった）に読書新聞編集の手伝いをさせたがっていた。が，私は読書新聞がもっぱら時代の流れに乗って，皇道経済学だの，日本浪曼派の亜流の文章をよろこんで載せるのにあきたらなく，手伝いなどする気にならなかったのである。隣りで見ている私には田所の編集方針が歯がゆくてたまらなかった。

が，今にして思えば，私は田所をも時代をもまったく理解していなかったのである。聖戦の目的や皇軍の使命など時局におもねる用語をもって粉飾して，ひたすら論旨を曖昧化するのに努めた細川嘉六の論文すら陸軍の代表を激怒させ，特高警察を憤慨させた時代に，私の期待するような文章が掲載できたであろうか。私設思想検閲官がうようよしていて，鵜の目鷹の目，小さな文章のはしくれまでも監視し，怪しき思想でもまぎれこんでいようものなら，さっそく摘発しようと手ぐすね引いて待ちかまえていたではないか。自由主義も共産主義も同質の敵性思想と見なされ，しばしば特高による弾圧の対象となっていた。私は，そのころひそかにマルクス主義の本を読んで感動していたから，そのものずばりは発表できなくとも，それに近いものを待望せずにはいられなかった。が，そんな思想を公表できるはずがなかったし，編集者としてそういう危い考えを含んだ文章を依頼できるはずもなかった。そういうできるはずもないものを田所に期待し，それがみたされないからと田所に不満をもち，田所に批判的態度をあらわに示したのは，私のわがままにすぎなかった。私の書評誌が発行されていたら，じきに弾圧されるか，それとも皇国主義に屈服を余儀なくされていただろう。

もうひとつ，血気さかんな私の見落としていた大事なことがある。それは田所の「日本読書新聞」にたいする愛着心であった。私は，「読書新聞くらい何だい，つぶれたってどうしたってかまいはしない」というくらい簡単に考えていた。が、田所にとって「日本読書新聞」は私にとってと全然ちがう存在だったことにそのころはいささかも思い及ばなかったのである。田所にとって，「読書新聞」はわが子のような存在だったと今になって思いあたる。

昭和初年にはタブロイド型の書評紙が２，３種見られないではなかったが，それらは２号か３号で姿を消したし，内容的にもどこか小さな出版社の宣伝用にすぎなかったように記憶している。「日本読書新聞」が，たれの資本，たれのイニシャティヴで創刊になったか，私は知らないし調べてもいない。…（略）…それは，やがて日本出版文化協会の機関紙となり，次いで日本出版会の機関紙となった。週刊とはいえ，日本ではじめて成功した書評新聞ではなかったか。田所の苦労と，いつくしみによってつつがなくこれまでに成長しえたのであった。そして今や幾歳になったか，調べてみなくては正確な年齢はいえないが，ともかく数年をけみし，他の出版物が紙の配給をもらうために躍起となっている折から，紙も確保されて一人立ち，一人前になっている。自分が産み，手塩にかけて育てた「日本読書新聞」に危い橋を渡らせるような真似をぜったいに田所はしたくなかったのである。もともと思想問題に無関心だった田所には，「日本読書新聞」が，はげしい変転をしめしているその時々の政治権力のイデオロギーに順応しても差支えなかった。いずれ世の中が変われば，その時々の体制に従えばよかったからである。それは田所の奥底に横たわっていた庶民性だったかもしれない。庶民というものはその時々の権力者に適当に対応し順応して生きのびてきたものなのである。田所は本能的に「日本読書新聞」の永生と存続とをねがっていた。自分が日本ではじめて一人前に育て上げた読書新聞はどんなことがあっても生きのびさせたかったのに，産みの痛みも育ての苦労も知らぬ私から非現実的な注文をつけられることは心外だったにちがいない。かれが福林氏と組んで，時の流れに乗って流されるにまかせたのは，「日本読書新聞」かわいさだけではないとしても，その気持がかなり大きく働いていたような気がしてならないのである。……（略）……

昭和20年5月21日号で『日本読書新聞』は刊行停止に

敗戦の年（1945〈昭和20〉年）に入ると，あい次ぐアメリカ軍の空襲により印刷所・製本所の罹災や用紙等の資材の焼失，輸送の混乱，編集・営業部の人たちの徴兵と徴用，その他，出版のための諸条件が極度に悪化し，ほとんどの出版社が活動不能の状態に陥った。このため日本出版配給統制会社が扱う書籍の点数も激減した（5月20日〜6月20日までの1ヵ月間で合計43点。6月21日〜7月20日まで42点）。

『読書』編集部も，部員たちの多くが徴兵，その他でいなくなり，編集長の田所も4月，「召集令状」を受けとって海軍に入隊した。34歳の最下級の水兵であった。そして最後まで残った郡山と長岡たちは，なんとか発行をつづけていこう，と野沢を通じて日本出版会の首脳と交渉したが，結局，5月21日号で刊行を停止しなければならなくなった。「休刊の辞」は郡山が書いた。そして，この号を刷り上げたとき，長岡は大橋鎭子（後に花森安治とともに暮しの手帖社を作り，社長になる）から「また必ず新聞を出すときがくるんだから，これ，しまっておきなさいよ」と，『読書』の題字，その他の凸版類を紙にくるんで手渡された。

2

「新しい時代の書評新聞を」と復刊の準備へ

1945（昭和20）年8月15日正午，天皇は終戦の詔勅（14日付）をラジオ（筆者注＝当時，テレビは無かった）で放送した。日本の無条件降伏であった。田所は海軍農耕部隊の最下級の兵士として，これを新潟市の鉄工所の広場で聞いた。天皇の音声は雑音が入ってよく聞きとれず，若い部隊長が，放送が終わった時，田所に「いまの放送は何か」と聞いた。田所は「日本が敗けたことですネ」と答え「部隊長暗然とす」と記している（私家版・田所著『童唱』，印刷＝大永舎・細野正次）。

9月30日，日本出版会が解散，首脳部は総退陣した。10月10日，出版業者の自治形式による社団法人・日本出版協会が発足した（筆者注＝日本出版会のほとんどの職員は日本出版協会に移った)。

海軍の横須賀基地から9月復員した田所が，ある日，日本出版会があった東京・お茶の水の文化アパートに出かけていくと，建物の前で柴田錬三郎（慶応大）と会った。柴田も復員兵であった。田所は「錬さん，どうだい，『読書』を復刊しようじゃないか」と言った。柴田は，この時のことを著書『わが青春無頼帖』の中で，こう記している。

> ……私はわたりに船と，心をはずませた。焼土の中から立ちあがって，言論統制という悪夢を追いはらった新しいブック・レヴュ紙をつくることに，私は情熱をそそいだ。

『読書』の復刊準備作業は，日本出版協会の発足に先行する形で進んだ。田所，柴田，長岡，大野雅夫（中央大)，大橋鎭子，そして間もなく山形暢彦たちも加わり『読書』の編集現場は次第に活気づき始めた。

日本出版協会発行の『読書』復刊第1号は11月20日付であった。これは日刊新聞以外の紙誌の中では速いスピードの発刊といえる。15字詰めで全16段，2頁。出版社の広告は，題字下の『芸苑』誌（巌松堂書店）と，記事中の日本写真工芸社の印刷受注広告の二つだけであったが，本文は巻頭に長谷川如是閑のエッセイ「対立意識の実現——ジャーナリズムの自由について」を載せた。長谷川は資本主義社会における新聞や出版物の“商品化”を批判し「ジャーナリズムは必ず一定の『綱領』を持つものの仕事でなければならない」と述べている。このほか佐野繁次郎の短いエッセイ，豊島与志雄の「文芸時評｣，清水幾太郎「デモクラシーの哲学——日本的観念論の反省｣，特集「終戦前後の出版界」など。

“戦犯出版社”を出版界から追放せよ!!

『読書』は復刊後，毎週部数を伸ばしていき，復刊から2，3年で10～12万部，という勢いを示した。しかし，こうした中，田所たち編集部員の前には新たな困難が生まれた。それは“戦犯出版社追放”事件であった。拙著『ひとつの出版・文化界史話――敗戦直後の時代』（中央大学出版部・1970年刊）の中の「戦犯出版社の追放をめぐって」で詳述したので，ここでは略記するが，この事件は次のようなものであった。

1946（昭和21）年1月4日，GHQ（連合国軍総司令部）は，軍国主義者の公職追放と超国家主義団体の解散を指令した。敗戦後，いち早く戦争責任追及の声をあげたのは新聞界であったが，出版界でも，この指令に勢いづいて“戦犯出版社を葬れ”の動きが大きくなり，1月24日，日本出版協会（会長・鈴木利貞）はこれを中心議題とする臨時総会を開いた（東京・田村町の飛行館）。理事長の石井満は，協会設立の経過と，用紙問題につづいて出版社の戦争責任について所感を述べた。そして最後の部分をこう結んだ。

> 一昨日，私はGHQのダイク代将に呼ばれ，次のことを会員各社に伝えてもらいたい，と言われました。それは「出版業者は日本人の生活を指導する上で重大な責任を持ち，出版業者が戦争責任者の問題その他を処理していく方法と態度というものは日本国民全体の手本になる。戦時中，誰が何をしたのかは会員の諸君自身が一番よく知っているのだから，諸君が自発的に処理せよ」であった。

“出版業者は戦犯追及の手本を示せ”という意味の石井の話が終わるとともに，「戦犯出版社をやっつけろ」「徹底的にやるべし！」「戦犯出版社をつぶして，持っている用紙を分配せよ！」等々の怒号の中に，民主主義出版同志会を代表して佐和慶太郎（人民社）が登壇，「日本の侵略戦争に協力した出版社の中でも，特に講談社，旺文社，主婦之友社，第一公論社，興亜日本社，山海堂，家の光協会の7社は最も顕著な戦争犯罪人として日本出版協会から即時除名し，かつ出版業界から完全に追放せよ」と述べた。一方，「委員会を作って慎重に審査すべきだ」という意見も出され，採決の結果「7社即時除名」＝248票，「委員会設置」＝229票，白紙＝10票となったが，「協会の規約の解釈上に疑義がある」との意見が寺沢音一（法文社）から出され，7社除名は成立しなかった。しかし，1月25日「出版界粛清委員会」が設置された。

同委員会は2月9日から，東京・お茶の水の文化アパートの日本出版協会に前記7社を順次呼びつけ，委員たちは“人民裁判”よろしく各社を吊るし上げたのである。

日本出版協会の首脳は，この委員会の意見をもとに《講談社＝野間家の株を3割以下に制限。主婦之友社＝『主婦之友』を廃刊。旺文社＝解散。社長・赤尾好夫の出版界引退。家の光協会＝社内の徹底的民主化と『家の光』の一時休刊。日本社＝旧興亜日本社と絶縁し，社長・大島敬司の出版界引退。山海堂＝理工学部門の出版に限定》等々を決定し，7社に通告したのであった。

3月に入って同委員会は，さらに新潮社，誠文堂新光社，博文館，日本週報社，秀文閣（実業之世界社）など10数社を呼びつけて同様の“裁判”を行った。

「日本自由出版協会」の発足とGHQの政策転換

ところで，同委員会は単なる私的な組織であり，このため，その決定には“法的拘束力”が無かった。だから講談社をはじめ各社は出版活動をつづけていた。こうした中で，旺文社の赤尾たちはGHQのワーズワース大佐を訪ね「あなたの部下のバーコフたちが，民主主義出版同志会の藤岡淳吉（彰考書院）や佐和，日本出版協会の石井理事長らの後ろ盾になって“戦犯出版社追放”を行っている。これはGHQの決定なのか」と質問した。ワーズワースは，「バーコフたち一部の連中が，サワイでいるが，言論・出版の自由はあくまでも守らねばならない。粛清委員会がなんと言おうと，You may say “No” and “Fight” 」と答えた。

3月25日，赤尾たちは東京・お茶の水の岸体育館で「アメリカ側の話を聞く会」を開いた。そしてワーズワースの話を聞いた20数社は29日，次の声明を発表した。

日本出版協会の現状は，ポツダム宣言の精神を実現し，以て文化建設担当者としての本来の使命を全うせんとの設立趣意に反し，且つ，その定款目的を超ゆる行動は，業界に徒なる混乱を醸しつつあることを認む。ここにわれ等は，依然として存在する独善的統制桎梏を絶ち切り，出版及び言論の自由をあくまで貫徹実現し，以て真正日本民主主義達成の一員としての出版の使命に邁進せんがため，日本自由出版協会（仮称）の設立を期す。

4月15日，主婦之友社で創立総会が開かれ，日本自由出版協会（後に「全国出版協会」）が発足した。加盟出版社は旺文社，主婦之友社，講談社，家の光協会，博文館，目黒書店，産業図書，共立出版，福村書店，泉書房，春秋社松柏館，東京タイムズ出版局，英語通信社，協同商事，雄山閣，文化事業報国会をはじめ21社であった（会長は博文館の大橋進一，理事長・木村毅，事務局長・石川静夫)。

この動きに対し日本出版協会ではGHQのバーコフに「戦犯出版業者が，あなたの上役のワーズワース大佐を抱きこんだ」と訴えるとともに2000余の会員出版社に「会員諸賢に告ぐ！」という檄文を飛ばし，また「出版粛清講演会」を開催して“自由出版協会を断固粉砕せよ”と猛運動を展開した。さらに講談社，主婦之友社，旺文社，家の光協会4社の雑誌（12誌）に対する4～6月期の用紙割当を留保（停止）する決定を政府の「用紙割当委員会」に出させたのである（“新聞出版用紙の割当は日本政府の責任において行うべし”というGHQの指令〈1945年10月26日〉により，日本出版協会は用紙割当の「原案」作成だけとなり，最終の決定は商工省の割当委員会が行った)。

出版社にとって用紙の割当が停止されては営業ができない。この段階に至って4社を先頭に自由出版協会加盟出版社は対GHQ工作をいっそう活発化させ，その結果，6月，バーコフは上海へ“追放”されたのである。

アメリカとソ連との「冷戦」へと時代は動きはじめ，GHQの占領政策も180度の転換を示しつつあった。こうした大きな変動の中で“戦犯出版社の追放”運動も弱まり，また民主主義出版同志会を中心とする「左」翼系の出版社や，しろうとの“一旗組”の出版社は経営不振と倒産へと追い込まれていった。しかし，これとは反対に，自由出版協会加盟の出版社は，くろうとの出版社の底力を発揮し，以後次第に出版業界の主流を形づくっていく。

ところで田所たち『読書』の編集部員たちは，日本出版協会の「機関紙」という制約の中で苦労を重ねたわけだが，特に“戦犯出版社追放”の始終をニュースや解説などで書き綴った柴田錬三郎たちは，戦時中の軍人や右翼の人間に代わり「左」翼と称する人たちの言動のバカバカしさにも，やり切れなさを感じたのではないだろうか。柴田は，戦争末期，徴兵されて船舶兵となり，乗船した船が台湾南方の海峡を航行中，アメリカの軍艦に撃沈された。そして7時間の漂流の後に，奇跡的に救助された。後年，柴田が創り上げた「眠狂四郎」の中には，戦中・戦後のこうした彼の体験が色濃く反映しているのではないだろうか。やがて柴田は『読書』編集部員から，月刊の『書評』（日本出版協会刊）の編集責任者になった。

3

日本出版協会に代わり全国出版協会が出版界の主流に

私が『日本読書新聞』編集部に採用されたのは既述したように1948（昭和23）年だが，この頃になると，日本出版協会の衰えが，いっそうはっきりしてきた。6月6日，中央公論社，改造社，鎌倉文庫，婦人画報社，八雲書店，さらに9月2日，文藝春秋新社，11日，朝日新聞社出版局，毎日新聞社出版局，読売新聞社出版局が日本出版協会を脱退した。こうした中で嶋中雄作（中央公論社社長）は「日本出版協会論」を『中央公論』9月号に発表，戦時中の日本政府の言論・出版統制，敗戦直後の出版業界と出版人たちを鋭く批判するとともに，30年来旧知の仲である同協会の会長・石井満に対し「かれは統制会（筆者注＝戦時中の日本出版会のこと）時代の役員ではなかったし，濫りに権力の争奪に狂奔するような人ではなかったはずである」が，私の意見も「かれの容るるところとはならなかったのは遺憾である」と決別のことばで文章を結んだ。

石井は旧制第一高等学校，東京帝国大学を卒業後，東京市に入り，電気局の総務課長を最後に退職し，22年間の浪人生活を送った。ホイットマン（1819〜92，アメリカの詩人）の研究をつづけていたが，朝日新聞社の鈴木文史朗（本名・文四郎）の世話で1945（昭和20）年10月10日創立の日本出版協会の理事となり，1948（昭和23）年２月には会長に就任した。戦後の「読書週間」は石井の発案で行われるようになったが，石井は，その経歴からもわかるように“文化人”ではあっても，出版業界のことについては暗く，その言動に対して，出版人の多くから、とかくの批判や非難を次第に多く受けるようになっていった。なお余談になるが，石井の夫人は，東京・新宿の精華学園の理事長として，その経営にあたっていた（“超多忙な”歌手の美空ひばりや吉永小百合は，同校で学ぶ機会を与えられた)。

さて，協会からのあい次ぐ出版社の脱退を防ぐために，石井をはじめ理事たちは，岩波書店や，その他の有力出版社を訪れ，脱退出版社の非を訴えるとともに，協会への「残留」を要請した。そして私たち協会の職員にも同様の行動をとるように，と命じた。いま日時は思い出せないが，ある日，石井会長は私たちを集めて，こう話した。

> 日本出版協会は出版界における民主主義の総本山である。この協会から脱退した出版社と日本自由出版協会に集まっている 200足らずの出版社は民主主義に逆行するものである。いまの私は，千早城に籠る楠木正成である。これから，どのようなことが起ころうとも私は「菊水の旗」の下に，民主主義の，この総本山を守っていく決

意である。

民主主義と楠木正成・菊水の旗が同居する話に?!をつける職員もいたと思われるが，入社したばかりの新人である私にも，協会の現状と，これからについての不安が感じられた。

1949（昭和24）年４月21日，日本自由出版協会が解散した。同日，日本出版協会を前年脱退した中央公論社，改造社などと合同した75社は全国出版協会を結成した。当時，これらの会員出版社の雑誌と書籍の発行部数は，全出版社の発行部数の60％を占めた。そして日本出版協会の会員社は3500余社だったが，その多くは休業・倒産に追い込まれていた。全国出版協会は，実質的に最有力な出版団体として台頭したのである。

『日本読書新聞』の発行部数は10万部の線を維持

私が入社した当時（1948年），日本出版協会は，柔道の旧講堂館ビル（地下１階，地上３階。東京都文京区春日町１の１）の約半分の室に入っていた。会長室，理事室，書籍課，雑誌課，海外課，業務課，経理課，編集室などにわかれ，かなりの大世帯であった。編集室は編集室長・田所太郎の下に，『日本読書新聞』と月刊誌『書評』の２つの編集部と，その業務部があった。編集部は次の人たちであった（1948年７月現在）。

▷日本読書新聞＝編集責任者・山形暢彦，長岡光郎，大野雅夫。以下，戦後入社の岡山猛（東大法学部），佐々木繁（早大文学部），島田雅武（東京外国語学校），細谷洋子（日本女子大），宮守正雄（中央大法学部）。

▷月刊・書評編集部＝編集責任者・柴田錬三郎。以下，戦後入社の唐木邦雄（東京帝大文学部。山形と『帝大新聞』の同期），嶋瑠璃子（実践女子専門学校），小沢修（東京女子大）。

ところで『書評』の発行部数は柴田たちの努力にもかかわらず，なかなか伸びを示さなかったが，『日本読書新聞』は10万部の線を維持し，日本出版協会の運営は，次第に新聞の収入に大きく依存するようになっていった（既述したように日本出版協会の加盟出版社の多くが休・廃業に追い込まれ，そうならない社も，経営がきびしくなった。その結果，こうした加盟出版社からの会費が協会に入らなくなったり，滞納が多くなっていった)。

さらに，5月18日，「新聞及出版用紙割当事務庁法案」が閣議で決定，割当事務庁が発足するとともに，日本出版協会の用紙の割当「原案の作製」という協会の主たる仕事が完全に無くなってしまったのである。そして，用紙不足時代の制度ともいうべき用紙割当制も用紙生産量の増加とともに次第に無用の存在になっていく（3年後の1951〈昭和26〉年5月1日“用紙割当＝統制”は全面撤廃になった)。

「これからは新しい子どもを育てていきたい」

1949（昭和24）年4月，私につづいて巌浩（東大文学部）が『日本読書新聞』編集部員として公募で採用された。「書評新聞の記者は，まず出版業界の実情を，足を使って知ることが基本」という田所たち編集幹部の方針から，新人はまず出版界のニュース取材を命じられる。2年生の私と1年生の巌は，出社するとすぐ外に飛び出し，主な出版社や関係団体，文部省，その他から話を聞いた。

ところで本と雑誌の販売手数料＝マージンをめぐって，小売書店・取次会社・出版社の3者はいまでも攻防をくりかえしているようだが，当時，この取材をしていた巌は，私との話の折によく「なんだかんだとマージン，マージンですからネ」と，少し自嘲するような笑みを浮かべた。

ところで，正確な日時は思い出せないが，5月に入って間もなくだったか，東京都文京区大塚の茗渓会館で田所太郎の送別会が開かれた。編集室の全員が出席したが，最後に田所が，あいさつの中で言った次のことばが，私には，いまでもはっきりと残っている。

> 昭和16年以来，私は『日本読書新聞』をかけがえのないわが子として育ててきたつもりでしたが，これからは新しい子どもを育てて

いこうと思っています。

田所が，なぜ新しい書評新聞を作ろうとしたのか，これについての，残された田所の文章は無い。ただ創刊準備作業から行動を共にした山形暢彦から聞いた話などをもとに私が推測したのは，次のことであった。

①“戦犯出版社追放”問題や“用紙割当”問題などを契機に日本出版協会から脱退した有力出版社が全国出版協会を結成，出版業界が分裂・対立した。そして日本出版協会の理事の何人かから田所が批判・非難されたこと——「日本読書新聞は，日本出版協会の機関紙なのだから会員出版社の本・雑誌の紹介や批評に，もっと多くのスペースをとれ」「全国出版協会の会員社に対して，時々，好意的な記事や批評があるが，これは問題だ」，その他，紙面のあれこれについての注文と難癖等をつけられ，田所は次第にイヤになってきたこと。

②用紙の生産量が増加し，用紙の入手が容易になり，新聞の発行が自由になろうとしていたこと。

③1911（明治44）年生まれの田所は当時38歳で，まだ冒険ができる年齢であったこと。

“業界の対立に巻きこまれたのでは，公平で自由な書評はできない。経営的には恐らくむずかしい問題が多くあるだろうが，独立した会社組織を作って新聞を発行していこう。自分の年齢は，まだ，40歳前なのだから”

というのが田所の気持だったのではないか，と私には思われる。

4

『圖書新聞』の創刊は1949年6月25日号

1949（昭和24）年6月25日付で『週刊圖書新聞』（以下『圖書』と略）が創刊された。2頁・定価5円。発行＝株式会社圖書新聞社・東京都千代田区神田小川町ビル5階。発行兼印刷人は吉永芳之で，田所太郎の名は無い。これは吉永が出していた『週刊経済』の題号変更という形をとって刊行したためである。吉永は当時，『スポーツクラブ』や映画関係の雑誌も出していた。吉永は東京帝大を卒業，戦時中は統制団体「日本出版会」で用紙生産課長となり，田所と親しくなった。余談だが，彼の娘が後年，女優の吉永小百合になる。

圖書新聞社が創業したときの事務所があった小川町ビルは4階建てで，5階というのは屋上に突き出していた塔屋部分であった。2部屋があり，1つが吉永の事務所で，圖書新聞社が入った部屋は関廣人の光燃社の事務所であった。関（中央大）は，田所の『帝大新聞』の先輩・野沢隆一（当時，公職追放中）の甥であり，光燃社の事務所は，恐らく野沢が関の名儀で借りていたのではないか，と考えられる。

圖書新聞社の創立会議（1949年3月30日）には田所，野沢，村越武雄（広告会社の東京弘報社社長），吉永，明石功，関が出席した（なお株式会社の発起人総会は同年の7月20日。出席者は田所，野沢，吉永，関，白井保江，山形暢彦，庵治川良雄。そして9月21日，資本金50万円で株式会社を設立した）。

ところで創刊号の第1面には，祝辞「創刊に寄す」として，長谷川如是閑，佐佐木茂索，清水幾太郎，中島健蔵，日本出版協会会長の石井満の5人が寄稿している。

田所は「読者各位へ」という挨拶文と，次の「創刊のことば」を書いた。

〈一条の橋となるために〉

新しい書籍や雑誌は毎日沢山作られるが，一般読者も出版関係の人々も読みたいと思うものの何パーセントも手に取ることは出来ない。その全部を読まないまでも，その輪郭に通じていたい希望や必要は案外に多いのである。また，その書籍や雑誌がどういう内容を含み，その著者なり，執筆者なりが如何なる立場にある人なのか，という読者の一般的関心や，発行所の特色，その経営者や編集人，更には出版物の配給組織，販売店の様子等広く言って日本の出版文化を形成する一連の人々が互いに疎遠に流れているというのが今の読書界，出版界の実情であろう。

このバラバラになっている読者，生産，販売の各層の間に，今のところ架けるべき橋が見当らなかったことは，言いかえれば，この面への架橋工作がとかく怠られていたことは出版界再出発の過渡期であったとは言い条，何といっても出版文化界のウィーク・ポイントであった。

☆

言うまでもなく，書籍，雑誌をつうじての出版活動とは一国文化のまぎれもない端的な表現であり，これを昂め，これを墜しめるのは単に出版社のみの功でもなく責めでもなく，これを著わす人，読む人，届ける人，広める人の相寄り相議しての後の現れであり，その人々共通の功罪であるべきであり，またそうあらしめねばならないであろう。読者をも含めた，この出版文化圏の人々が相集ってお互いに言いたいことを言い，論じたいことが論じられるよう，そのメッセンジャーともなるべきもの，それがこの圖書新聞の役割である。公正なメッセンジャーとなるためには，この新聞がどこへ偏ってもならぬ難しい使命が要請される。

たまたま机上にある一冊の書籍を手に取って見れば，この程よく装幀された単行本の中には，これを執筆した著者を中心にした問題が，その著述者の思想なり作品を媒介する紙や活字の背後にある問題が，また，これらの一切に交渉を持つ出版社，編集者の問題が，更にこの本を取次ぎ，机上に置かれるに至った販売経路の問題が，最後にはこれを受取った読者としての問題が未開拓のまま放置されている。

☆

ささやかながら本紙の発行がどこまで貢献を為し得るかは今後の問題であるが，各界の協力と叱正によって社会的なレーゾン・デエトルを得たいと思っている。

一条の橋となるために。これは概念的な言葉だが，出版界の新しい前進と，広くは穏健な日本文化の発展のためには，折からの緊迫した客観情勢にあって少なからぬ意義が付与されているように思われる。

さて理想はいくらでも連ね得るが，現実は一歩一歩歩むほかはない。

創刊当時の編集部は，田所，山形，そして巌浩とともに『日本読書新聞』の試験を受けた者の中から『圖書』に採用された新卒の玉利勲（東大文学部），徳江一正（東北大経済学部），哲学者の山本新の紹介で入社した『文化新聞』出身の安田金三郎（第二早稲田高等学院），山尾和子（津田塾）などであった。営業部は今淵啓二，関，田所が三省堂時代に知り合いになった同社出身の小林栄郎（1950年入社），村山敏子（『日本読書新聞』の業務部員）が中心となった。

5

日本書籍出版協会の発足と『週刊読書人』

『圖書新聞』が創刊された年の1949（昭和24）年には，柴田錬三郎が作家としての道に進むため『書評』編集長を辞めて退社，岡山猛も『日本読書新聞』から『展望』編集部（筑摩書房）へ移った。

『日本読書新聞』はやがて唐木邦雄が編集の責任者になるが，1954（昭和29）年３月，『圖書新聞』の編集部に移ったので，編集長・長岡光郎，大野雅夫，佐々木繁，島田雅武，巌たちが中心になって『読書』の編集を担った。発行部数は依然好調であり，『圖書』（２万部内外）の約４～4.5倍と，当時いわれていた，と私は記憶している。

『読書』が営業面でも順調であったのに比し，発行元の日本出版協会は，既述したように有力な加盟出版社の脱退と，会員社の休・廃業がつづき，会費収入の大幅な減少に陥った。このため編集室（『日本読書新聞』）編集部と，新聞関係の業務部。『書評』は売れ行きが伸びず休刊）を除き協会職員の多数が人員整理されていき，1954年の春，神田川の傍らの社屋（東京都文京区小日向水道町６）に移転した頃は，『読書』関係の人びとと，協会の数人の理事だけ，という状態になり，日本出版協会は，極端な言い方をすれば“有名無実”な存在となった（この間，石井満も会長を辞め，読書人の生活に戻った)。

やがて1957（昭和32）年３月29日，書籍の出版社の中心的な団体として日本書籍出版協会（略称・書協）が創立された。有力な出版社 181社が加盟し，会長には下中彌三郎（平凡社社長）が就任した。“戦犯出版社追放”問題などを契機に対立・分裂した出版業界は約11年を経て“大同団結”への道を歩みはじめたのである。

書協の幹部たちは，業界の諸問題の解決に乗り出していったが，その中の一つに『日本読書新聞』を書協が発行していこう，という件があった。このため創立直後から，書協側は日本出版協会（以下「日本出協」と略称）と『読書』の譲渡について折衝を開始した。しかし日本出協側は強硬に反発，話し合いは容易にまとまらなかった。このため書協側は11月27日，交渉を打ち切り，独自に新しい書評新聞を発行するという方針を決定した。

ところで翌1958（昭和33）年２月25日，日本出協の理事会が開かれ，『読書』の譲渡問題が改めてとりあげられた。賛否両論，意見がまとまらず，その結果「譲渡賛成」派の大島秀一（主婦と生活社社長）は日本出協の会長を辞任した。

４月18日，書協は全国出版協会の機関紙である『読書タイムズ』（前身は日本自由出版協会の『全国出版新聞』）を無償で譲渡してもらい，『週刊読書人』を発行することに決定した（『読書タイムズ』の編集責任者は橘経雄〈早大〉で，その息子が後年，評論家となる立花隆)。

５月５日付で『週刊読書人』が創刊されたが，この編集と初期の新聞制作を中心になって進めたのは『日本読書新聞』から書協に移った島田雅武，村上輝雄（慶応大）であった。“『読書』を書協に譲渡して出版業界の統一を”ということをめぐる賛否の論は，『読書』の現場の人びとの間にも大きな“波紋”を広げた，と思われる。当時，書協に移るために積極的に動いたのは堤善二郎（京都帝大。日本出協の海外課の職員。後に『読書』に入り，一時編集部にいたが，広告業務を担当）といわれたが，以上３人が“第１次”の移籍組である。

様々な曲折があったが，７月29日，日本出協は書協に対して「『読書』は継続して発行する」という回答を出し“新聞譲渡問題”は終わった。なお，この前後から編集部の斎藤英夫（東大），長岡光郎，大野雅夫が『読書人』に移り，佐々木繁は斎藤豊節（青山学院），業務部の大橋千枝子たち数人とともに書協事務局に入った（佐々木は後に，書協の専務理事になる）。

『読書』に残留した人びとは広告収入減に直面する

『読書』に残留したのは編集部の巌浩，定村忠士（東大），東野光太郎（早大），伊藤和子（早大）の４人と営業部の２人であった。巌たちは少なくなった人員で８頁の編集をつづけたが，困ったのは，書協の会員出版社の間で“出版界の大同団結に背を向けた日本出協の機関紙の『読書』に広告を出すのはおかしい”という声が出，このため入り広告が激減したことである（東大出版会・未来社・みすず書房，少し遅れて岩波書店の４社は出稿した）。

販売収入と広告収入によって成り立っている新聞は，後者が大幅に減少すれば経営危機に陥るのが普通だが，『読書』は当時でも約５万部を超える販売収入があったようであり，また映画や演劇の批評や記事などの欄を作って，その広告をとる，といった工夫と努力をして危機を乗り切ったのである。

以上，『日本読書新聞』『圖書新聞』『週刊読書人』の“３紙鼎立”といわれた時期の始まりまでのことを記してきたが，その編集を担った人びとは，ほとんどが戦争の体験者であり，年齢も田所（明治44年生まれ）を除いて，大正から昭和２～３年までの生まれの人であったことを付記しておこう。

（2001年11月記）

Ⅱ　畑中繁雄氏と横浜事件

――著書『覚書　昭和出版弾圧小史』が示すもの

1

座談会・出版界の基本問題

敗戦から3年，1948（昭和23）年の7月下旬の晩，本郷・清水旅館の1階日本間で，中井正一（当時国会図書館副館長），羽仁説子，河盛好蔵，畑中繁雄，石井満（日本出版協会会長）の5氏による座談会「出版界の基本問題」が行われた。

日本出版協会発行の週刊紙『日本読書新聞』の8月11日号の第1面に掲載のためで，編集部からは同協会の編集室長・田所太郎氏，新聞の編集実務責任者・山形暢彦氏，長岡光郎氏，そして7月1日に部員に採用されたばかりの私が出席した。

新聞の編集部の先輩たちである岡山猛，佐々木繁，島田雅武，大野雅夫，細谷洋子氏ではなく，私が出席を命じられたのは，書評新聞の記者として，出版界についての基本知識と問題点を早く身につけてもらいたい，との気持が田所，山形両氏にあったからではないか，と思われる。

なお日本出版協会は既述のように『書評』（A5判・月刊誌）も発行しており，斎藤錬三郎，唐木邦雄，嶋瑠璃子，小沢修の各氏が編集部員であった。編集長の斎藤氏は1949（昭和24）年に退社，1951（昭和26）年に下半期の直木賞を受けた柴田錬三郎氏である。ところで私が入社した当時，田所氏と旧制松江高校，東京帝大の『大学新聞』で一緒だった花森安治氏（戦時中，大政翼賛会の宣伝部副部長）が『日本読書新聞』と『書評』のカット類を描いていた（花森氏は，大橋鎮子氏〈『日本読書新聞』をすでに退社〉とともに，やがて『暮しの手帖』を創刊する）。

生まれて初めての座談会に出席した私は，速記者が，速記文字で，それぞれの発言を書きとめていること，カメラマンが，いろいろな角度から出席者たちを撮影していること，田所氏と山形氏が発言の主要点をメモしていること，旅館の人たちだけに任せず，おしぼり，灰皿，お茶，お菓子，そして食事……と，編集者としての気くばりをしていること，さらに，出席者の送迎時の配慮など，私には，すべて新しい経験の連続だった。

関西弁の河盛氏，フチなし眼鏡の中井氏，白い清楚な服装の羽仁氏，畑中氏は半袖シャツの軽装であった，と記憶している。

ところで編集部の先輩たちから，畑中氏が戦時中，『中央公論』編集長として，ファシズムを批判し，1944（昭和19）年，「横浜事件」で検挙され，特高から言語に絶する拷問を受けられた，と聞いていた私は，氏にお目にかかるまでは，“不撓不屈”な“特別”な人ではないか……と想像していた。敗戦とともに獄中から解放された人びとの中には，誇らしげに，そして生硬な用語で話したり，書いたりする“強い人”がいたからかもしれない。

私の勝手な，また非礼といえるこの想像は，しかし，約2時間足らずの座談会で畑中氏に接しているうちに打ち砕かれていった。

時に，はにかみながら，静かに話される氏からは，温かなもの，柔らかな見方と考え方，そして，ある一点では，決してゆずらないという，知性に支えられた意志……といったものが感じられた。ジャーナリストの出発点にあった24歳の私にとって，畑中氏にお会いできたことは，しあわせであった，と思っている。

前近代的な経営が多い

河盛氏を司会者にしたこの座談会「出版界の基本問題」は，今日読みかえしてみても貴重な指摘を多くふくんでいる。以下，要約しながら主な発言を紹介しておこう。

河盛　近ごろの出版物の良い傾向と悪い傾向ということから……

畑中　大小の出版社がソーシャル・サイエンスの出版に積極的になってはきたが，かなりイージーなもの，たとえば有名な著者に無条件で頼む，そして，方々に書きなぐったものを集めて出すといった傾向がある。いいものを厳選して出版していくことが必要ではないか。そして，そのために必要な要素として読者というものをもう少し組織的にしていくことを考えてよいのではなかろうか。

（これを受けて，中井氏が，広島県で13万人の労働者とともに労働文化協会をつくり，本の選択，普及の方法などの運動をやっていたことを紹介し），

中井　この運動でわかったことは，今までは少数の大学教授たちが驚くようなものが良い本だとされていたが，一番大切なことは，それが言語である限り向うにわかってもらわなければ何にもならない。われわれにとって良いということは，わかりやすいことなのです。

羽仁　誰に読ませるか，ということがはっきりしないものが今までは多かった。女は今の農民や何かの場合と同じに，いろいろゆがんだ点も，幼稚な点ももっている。それをはっきり，女はどういうものだということを考えないで書いている。また女の人の雑誌の問題だが，たとえば，こんどの敗戦で新しい憲法ができたりして，いちばん変わったのが女だと思うが，いちばん変わらないのは女の雑誌だと思う。

畑中　編集者の，一種の特権意識――読者にむずかしいものをとり上げて自分のもっていることを伝えて文化人の標準にしたがる。そういう奴隷根性が問題だと思う。一方，執筆者の中には，一部高級読者や，自分の属しているあるサークルにものを言っているとしか思えないものもあり，文章を晦渋にしている。

中井　文化人のただ一つのフロントが過去のものに向って戦って

いるはずなのに，いつも銃口は横を向いている。書かれたものがむずかしくなるのは，横から来る弾を避けるためにむずかしくなる。同士討ちなのです。この間，ある人が冗談に言っていたが，東京で塹壕の中から鉄かぶとをちょっと上げてみろ，どこからかピュッと弾が飛んでくる，という。これが，文章がむずかしくなる根本だと思う。

（配給ルート，本の値段，「400万円そこそこの悲しい図書の購入費」〈中井〉の国会図書館の話などにつづき），

河盛　日本の出版社のほとんどは100％利益しか考えていないと思うが……

畑中　出版社の中に入ると，前近代的経営で，社長，社主という人の考え方は中小商業の親方……といった傾向ではないかと思う。

河盛　日本の出版社は資本が少なすぎるのではないか。

畑中　規模が小さくても出版の仕事はできる。そして一獲千金を夢見ることも可能だ。しかしこれでは安易なものしか作れない。ほんとうに良いものを書いてもらうためには，もっと執筆者を優遇しなければならない。大きな仕事をする準備金が要る。その経費を出版社で負担して，よい意味での再生産を考えるという大きなスケールの経営を考えなければならない。それができない。

（日本出版協会に対する注文として），

畑中　前近代的な経営の中で圧迫されている編集者，良心的な執筆者の声を反映するルートを協会につくる，そして，これまでの単なる経営者の集まりから脱皮することが必要ではないか。またアメリカ軍占領下の今日，協会は，日本の出版ジャーナリズムが，アメリカに比べて前近代的段階にあるということをもっと知らせる必要がある。

河盛　同感だな。アメリカではエディターというものは権威を持っている。しかし日本ではそうでない，ということをアメリカに知ら

せてほしい。また，アメリカの出版社は大きな資本を持っている。各地に支店も持っている。「君の社の支店はどこにある？」と聞かれて日本の出版社の人はびっくりする。こういう日本の出版界の実情をくわしく伝えてもらいたい。

石井　GHQ（General Headquarters 連合国最高司令官総司令部）の出版関係者の方たちには，理解している人がおります。日本のために考えてくれています。

出版界に入って1ヵ月足らずの私にとって，この座談会で，畑中氏や河盛氏の言われる「出版社は前近代的経営」「その中で良心的な編集者や執筆者たちが圧迫されている」「零細な資本の企業体であるため，目先の利益を求めての安易な本づくりに走る。執筆者に優れたものを書いてもらうためには大きなスケールの経営に発展しなければならない」等々は，私には，まだよく理解できなかった。そして，この座談会をしめくくった石井・日本出版協会会長の前記のことば「GHQの出版関係者の方たちは，日本の出版界のことを理解してくれており，日本のために考えてくれています……」に疑いを持たなかった。

さらに紙面での「座談会出席者紹介文」のご相談で，畑中氏が「二十世紀研究所所員としておいてください」と言われたこと，そして会の終了後，山形氏が「畑中さんは，中央公論社をすでに辞められたから」と話してくれたこと——この二つの短いことばが意味している敗戦直後数年間の中央公論社での出来事，その渦中におられた畑中氏，等々について，“新米記者”の私は当然とはいえ，何ひとつ知ってはいなかった。

2

『圖書新聞』創刊の頃

戦時中「横浜事件」で苦労され，敗戦直後，嶋中雄作社長とともに，軍部によって解散（1944〈昭和19〉年7月）させられた中央公論社の再建につくされた畑中繁雄氏は，なぜ数年の短い期間で社を去られたのであろうか。また，その間，どのような出来事があったのだろうか。

このことを記す前に，田所太郎氏が『圖書新聞』（週刊）を創刊したこと，山形暢彦氏につづいて私が同紙に移ったこと，これ以後，私がしばしば取材や原稿依頼その他で畑中氏にお会いしたこと，などを記しておこう。

前記の座談会が行われた翌年の1949（昭和24年）年６月，田所氏は『圖書新聞』を創刊した（６月25日付)。その経緯については既述した。

ところで山形氏から誘われて，私は翌1950（昭和25）年３月，『圖書新聞』の記者になった。なお，４月１日，小川町ビル５階の一室から半蔵門の竹工堂ビル（現在は東條会館）３階に社が移転した。１，２階は海野晋吉弁護士事務所であった。

「書評新聞の記者は，出来上った本や雑誌に目を通すだけでなく，多くの出版社の人びとに接することが基本」との田所氏のことばを守って，編集部の若い玉利勲・徳江一政・山尾和子・安田金三郎の各氏と私は精力的に各社を回って取材した。やがてそれぞれの「担当出版社」が自ら決まっていった。

その頃京橋に社屋があった日本評論社は，私にとって取材ソースである以上に「編集者の学校」ともいうべきものであった。前記の座談会で初めてお会いした畑中氏が幹部として入社されており，また従兄の清水英夫が，氏の下で働いていたこともあって，私は何かにつけて同社を訪れた。このほかいろいろな会，たとえば神田駿河台の雑誌記念館での編集者懇談会の結成の会（司会＝橋本進氏，小田切進氏）のあと畑中氏に連れられて清水とともに神田の「藪そば」でお話をうかがったことをはじめ数々の機会に，氏から戦中戦後の出版界や編集の仕事などについて教えていただくことが多かった。そして氏から「編集者の日記」を『圖書新聞』（278号）に寄稿していただいたこと，私が1957（昭和32）年９月から１年間新聞に連載した「巷説出版界」の中の“中央公論社再建と嶋中雄作”の取材その他によって，畑中氏の敗戦後数年間の「像」を思い浮かべることができるようになった。ただ，もちろんそれは，私のフィルターを通しての「像」であり，氏にとっては「事実と違う」と思われる箇所もあり，ご迷惑をおかけする結果になるかもしれない。しかし畑中氏が歩かれた戦中と戦後を今の時点でもう一度，後輩の私たちが見つめ直すことの必要性と意味とを考え，あえて，私なりの“畑中氏とその時代”といったものを，そして氏から私が学んだいくつかのことを記してみようと思う。

文化人と編集者の違い

病気がちな嶋中雄作社長は，中央公論社の再建にあたって，副社長兼『中央公論』主幹＝蠟山政道氏，『婦人公論』編集長＝谷川徹三氏，出版局長＝林達夫氏という構想の下に，新しい時代に即応した出版をめざして活動を開始した。学者・文化人を顧問とすることは珍しいことではないが，現場の第一線に文化人を配置したことは中央公論社が初めてといってよかった。しかしこれは永くはつづかず，蠟山，谷川氏は辞職した。これについて畑中氏は，学者・文化人とジャーナリストの相違を知り過ぎている嶋中氏が，あえて，こうした社内体制をとったことは，再建への意欲と抱負が並々なものではなかったことを示している，としながらも，こう記している。

完成されたこういう人々のアイディアと現場の意見が討議をへてもっと高いところへつきすすむ結果をみないで，かえって審議は妙な公約数におちこんで三すくみの停滞に流れる。さすがに当の社長ももてあまし気味で，そのイライラと，とばっちりが，こちらにはねかえってくる。このような著名人を，なお一社員として，みずからの統率下におこうとすることに，もともと無理がある。

（前出「編集者の日記」）

学者・研究者・文化人と編集者との相違，さらに編集者の職能と誇り，といったことを考えていく上で，私は，この出来事と，畑中氏から，多くを学んだと思っている。

さて『中央公論』の復刊（1946年新年号）につづき，『婦人公論』（4月号），5月には『自然』創刊，また石川淳『黄金伝説』など単行本の出版……と，1947（昭和22）年の上半期頃までの中央公論社の歩みは順調であった。畑中氏も『中央公論』の編集責任者として活動をつづけておられた。

ところで，この時期，CIE（the Civil Information and Education Section　GHQに置かれた民間情報教育局。占領下日本の教育・報道・宗教などについて情報収集と指導監督を行った）の課員と名乗る年若いアメリカ人の中尉が社にやってきて，雑誌の論文「民主戦線をいかに結成すべきか」をスラスラと日本語で読みこなしたり，また「『中央公論』の執筆者のうちコミュニストを書き出してほしい」という，GHQの示達らしいものを持って訪ねてくる者もあった。そして一方「『中央公論』はリアクショナルだとして，一部の進歩派の中には執筆を拒否しようとする動きがある……」などといった情報を持ってくる者もあった，という。

占領軍，また敗戦前の体制を復活させようとする者たち，このほか，いわゆる“急進派”といったさまざまな思想潮流の中で，畑中氏をはじめとする総合雑誌の編集者たちは，それぞれの誌面づくりに苦闘していた。

激怒する嶋中雄作社長

1947（昭和22）年8月14日。この日を境にして中央公論社は，以後半年余にわたって大きく，激しくゆれ動き，畑中氏もその渦の中に巻き込まれていった――。

この日，中央公論社の従業員組合（前年の1946〈昭和21〉年3月8日結成）大会が開かれた。中心議題の一つは嶋中雄作社長の“公職追放反証問題”であった。嶋中社長は，この大会が開かれる前，戦時中の事情を知っている社員たちに対して申し入れを行っていた。それは，「戦時中『中央公論』に掲載した論文の中には軍国主義的，超国家主義的な論文がいくつかはあるだろうが，それらは軍部に対する偽装と『中央公論』を存続させるための止むを得ない措置であり，だからこうした該当論文に対する反証の作製に協力してほしい」というものであった。

従業員大会は論議の末，強硬意見──「経営者の追放反証のデータ作製に組合が協力するのは妥当でない」「横浜事件後，中央公論社は軍部に屈服して醜態をみせた。社長の公職追放は当然である」「GHQ は，社長の追放に組合が動くべきだという意向のようだ」等々──が大勢を支配した。

組合は「いかなる反証事務にも協力しない」という旨を会社に伝えた。

幹部会（林達夫，畑中繁雄，栗本和夫，宮本信太郎，山本英吉）が開かれて，嶋中社長は激怒し，「こういう決定をする組合は社長の辞任を迫るものだ。社長がやめるか，そういう謀議の首謀者に去ってもらうか，そのいずれかだ。この席に自分がいない方がよかろうと思うから，諸君で慎重に相談のうえ，結論を後刻うけたまわる」といって中座した。

なお，ひとつの奇怪な出来事があった。それは組合員が“落とした”メモが嶋中社長の手に入ったことである。そのメモには社内の民主化をアピールし，社長追放後の社内体制をどうするか，などが記されていた，という。

また嶋中社長は，同年8月号の『中央公論』に掲載の編集部によるインタビュー記事「高松宮と語る・皇室の家族制度について」担当の若い編集者を叱りとばし，山本英吉氏（『婦人公論』編集長）を従え，モーニングに威儀を正して高松宮家に謝罪に行った。この記事は，質問に対する高松宮の回答の終わりに＋（プラス。進歩的）－（マイナス。保守的）をつけたものである。

こうしたことが重なり，経営権・編集権が，当時の急激な民主化風潮の中で組合によって奪われることを恐れた（と思われる）嶋中社長は，首謀者と目した２名（岡本三郎氏，梅田晴夫氏）の馘首を組合に通告した。

ところで，私は，この当時の畑中氏の「複雑な，割り切れない」気持ちを，寄稿していただいた前記の「編集者の日記」を読んで初めて知った。

畑中氏は，組合が拒否した戦時中の『中央公論』に掲載の“追放該当論文”についての反証を書いた。

……札つきのものはべつとして，戦争中そうしたものを採り上げたジャーナリズムのひよわさを，もういちどじぶんにいいきかせるような思いである。狂暴をきわめたあの言論圧迫のなかで，とにかく奴隷の言葉にたくして，なお孤独な良心をつらぬこうとしたいくつかの論文をただ形式的に，その奴隷の表現だけをとらえて，軍国主義的論文に一括してしまうことには絶対同意できないと思う。該当論文のうちには，戦争中，この国の軍官から好ましくない執筆者，記事として，また特高警察によって擬装せる共産主義的理論の烙印を捺されたものまで含まれている。ごくわずかな風雪のうつりかわりのうちに，それらの内容が政治的に勝手に割り切られることにどうにも抑えようのない怒りがこみあげてくる。たんなる反証としてよりむしろプロテストとして書かないではいられない衝動につきあげられる。……組合の出方の是非はべつとして，おそらく，多分に性急な，しかし有為の青年たちのうえに，ちかく襲いかかるであろう暗い運命を想うと，いてもたってもいられなくなる。再建いらい，わだかまりはじめたもやもやしたものが，とうとう決定的な爆発点にきてしまったことをおもう。

「プレスコード違反である」

畑中氏は，しかし2名の馘首には反対であった。益田直彦氏（第一出版部長）も同じだった。このため「組合に理解の態度を示すものだ」と嶋中社長の心証を害した，と思われる。

畑中氏と益田氏は，やがて辞表を提出する。

従業員組合は，その復職をめざして動き始めた。しかし，9月8日，会社，組合と記者団との会見の席上での南委員長の経過発表に見られる考え方が大勢を支配していった。それは「反証拒否は十分納得のいく審議がつくされることなく決議が急がれた」「こんどの事件は組合の一部の人びとと会社側との対立であって，いわゆる会社対従組の全面的対立ではない。組合自体は，現在，この両者の調停機関としての役目を果そうとしている。今後経営協議会で一部の信念上の対立をとくよう努力したい」というものであった。

畑中氏の辞表提出を契機として活動の表面に出る形となった『中央公論』の編集部員たち（当初，組合で先頭に立っていたのは出版部）は，組合の流れの変化の中で少数派となっていった。そしてCIEのインボデン少佐に呼ばれた部員は，①この活動は，プレスコードおよびニュージェント声明に違反するものである，②これ以上活動をつづけるならば経営者も厳重に処罰する，といわれた。ニュージェント声明は1946（昭和21）年10月，「読売争議」の折に出されたもので，その内容は，①編集方針はオーナー（経営者，社主）のもので，従業員の介入は許さない，②介入して解雇された労働者には労働法の保護はない，といった趣旨のものであり，以後「編集権」の“理論”として各種の言論弾圧に適用されていった。

『中央公論』編集部員たちはプレスクラブの外人記者たちに事情を話し，記者団，そして日本ジャーナリスト連盟，印刷出版労働組合，その他の団体が，それぞれ「この事件は，編集自主権をじゅうりんするものであり，速やかにかつ公平な解決を要請する」旨の声明を発表した。また『世界』『改造』『日本評論』『人間』『世界評論』などの編集長は，すでに辞表が受理された畑中繁雄編集長たちの復社と，今回の処置を一切白紙に返して考慮するよう勧告を行なった（なお，「今回の処置を一切白紙に返し……」というのは，9月下旬『中央公論』編集部員の大野欣一氏，清水英夫氏が休職処分に付され，畑中編集長の辞表も受理され，『中央公論』編集長に山本英吉氏，『婦人公論』編集長に蘆原英了氏が就任したことを指す)。

日本ジャーナリスト連盟書記長の美作太郎氏は『日本読書新聞』(1947〈昭和22〉年10月29日号）にこう記した。

> ……少数の例外を除けばわが国の出版業には封建的な色彩が濃厚で，経営者のなかには編集者を「雇い人」として酷使することを当然と心得，営利上の打算と時の移り変りに藉口(しゃこう)して編集者の機能に干渉を加えることを何とも思わない人が少なくない。気の弱い編集者は，しぜん小心翼々たる卑屈な「サラリーマン」となってしまう。……編集者の地位や役割を「権利」にまで高めることは，編集者の利己的な要素ではなく，社会的に必要なことである。そのためには，編集者が従来の孤立性，ルンペン性を捨てて一団となり，日本民主化のための自らの重大な責務を果たすにふさわしい協力を実現するほかないであろう。

1948（昭和23）年に入って，大野氏，清水氏，海老原光義氏，堀江弘氏（『自然』編集部）をはじめ15人が社を辞めた。当時社員は50名足らずであった。

「多分に性急な，しかし有為の青年たちのうえに，ちかく襲いかかるであろう暗い運命を想うと，いてもたってもいられなくなる。……」（前記）との畑中氏の思いは現実となった。

なお前年の12月7日の『官報』号外は出版関係者の追放・非該当者を発表した。嶋中雄作社長は「非該当」であった。この直前，長男の晨也氏（出版部に在籍）を失なった嶋中氏にとってはうれしい報らせであったろう。しかし翌々年の1949（昭和24）年１月17日，熱海の別邸で倒れた。法名は「法輪院釈文雄」である。

3

圖書新聞社出版部の開設

1963（昭和38）年11月，田所太郎社長から命じられて，私は出版部の新設のため新聞編集部を離れた。入社以来13年，『日本読書新聞』時代から数えると15年であった。そして1967（昭和42）年10月までの約４年間，金子道子さんとともに単行本の編集をつづけた。

ところで，この期間は“60年安保闘争”から“パリの５月危機”と日本の“学園紛争”の続発，“ベトナム戦争”“中国文革の嵐”“沖縄”その他……の情勢の中で日本の思想・文化・政治・経済・社会・労働界など，さまざまな分野で激しく揺れ動いた時期であった。

「既成のものをすべて破壊せよ，打倒せよ」という“強い調子”の言説や本が“ラジカル”を自称する人びとによって声高に打ち出されていた。編集者としては，こうした状況に対応した企画を，という気持にかられはしたが，あれこれと考え研究した結果，私は二つの出版方針を立ててみた。第１は，現在の日本人に影響を及ぼしていると思われる学者・研究者・思想家・芸術家などの「全著作リストと解説」の本を出版する。つまり読者にこれらの著者たちの研究のための資料や文献を提供していくということ。第２は出版・新聞・言論に関する本の出版であった。

「『圖書新聞』の性格にふさわしい企画に限定すること，他の出版社の領域をおかさないこと」という田所社長から，出版開始のサインが出た。今井寿一郎『丸山眞男著作ノート』，上野正治『大塚久雄著作ノート』，立間祥介『竹内好著作ノート』，別所直樹『太宰治研究文献ノート』，笠原一男『親鸞研究ノート』を出版した。また“圖書新聞双書”として堀尾青史『年譜宮沢賢治伝』，吉田熙生・堀内達夫『書誌小林秀雄』を刊行した。

出版・新聞・言論関係としては，中央公論社の瀧田樗陰の下で働いた木佐木勝の『木佐木日記』，畑中繁雄『覚書　昭和出版弾圧小史』，岩崎勝海『出版ジャーナリズム研究ノート』，新井直之『戦後のあゆみ——新聞ジャーナリズム』を出版した。

このほかのものとしては，小門勝二『荷風本秘話』，島本久恵『江口きちの生涯』，八杉貞利『ろしや路』，大塚久雄『社会科学と信仰の間』。1967（昭和42）年10月以降は私の後任者の安田金三郎氏が圖書新聞編『座談会　戦後の学問』，藤岡武雄『年譜斎藤茂吉伝』，天野敬太郎『河上肇の人間像』，紀田順一郎『古書店地図帖』，圖書新聞編『洋書入門』を出版した。

畑中繁雄氏の『覚書　昭和出版弾圧小史』（A 5 判258頁・グラビア 4 頁・函入）が出版されたのは1965（昭和40）年，奥付の月日は日本の敗戦の「 8 月15日」になっている。

「昭和期　言論弾圧小史——昭和初期から占領軍撤退まで」，「戦時文壇の一側面『生きてゐる兵隊』と『細雪』をめぐって」，「禁じられたことば」，「覚書　横浜事件」の四部から構成されている。

ところで，畑中氏は本書の「はしがき」の中で次のように記している。

> （略）……今年は，戦後はやくも二〇年めにあたる。また私が青年期をそこに賭けようとした『中央公論』の創刊八〇周年にもあたっている。太平洋戦争を頂点として，それから敗戦および敗戦直後のどさくさにかけてのまさに夢魔にもひとしい最悪の時期を，身をもって経験してきた私たち戦前・戦中派にしてからが，あれから二〇年，そのおも苦しい記憶さえ，ときには乱れがちである。ただしかし，戦後の今日，ぬくぬくとした日だまりのなかで，かたどおり民主主義を弁ずることより，また組織の人波にもたれかかりながら，ただ合言葉のように自由と権利をふりまわす，そのことよりも，戦前，

絶対権力者の暴力の矢面てに立たされてなお，最低限の良心と善意をつらぬこうとすることのほうが，どんなに困難であったか，というその実感のみは，いまも私たちの脳裡につよく焼きついて，ついに消えさることはないだろう。この本が，その一齣（ひとこま）をでもなお伝えているとしたら，この本の意図するところは十分達せられたことにもなる――といえば，聞えはいいが，じつは，かつて言論のだいじな一翼を分担する場所にあった私が，けっきょくは警察国家の強権と暴力とによって，あえなくうちひしがれていく，これはその廃残の記録にすぎないのである。……（略）……

狂暴な陸軍の中央公論社攻撃

1908（明治41）年，東京に生まれた畑中氏は，1932（昭和７）年，早大英文科を卒業し，中央公論社に入社。『婦人公論』『中央公論』の各編集部員を経て1941（昭和16）年，『中央公論』編集部長となるが，1943（昭和18）年，陸軍報道部の「３月号の表紙に『撃ちてし已（や）まむ』の陸軍記念日用標語を掲載してもらいたい」に協力しなかったこと，その他「国民の戦意を沮喪させる無用の小説」谷崎潤一郎「細雪」の掲載や「共産主義的思想の抱懐者や，思想傾向のはなはだ危険な人物に誌面を提供してきた」などとして，杉本和朗少佐から畑中氏は面罵され（「六日会」４月，５月の席上），また６月号に載せた岸田國士の「かへらじと」が「軍を冒瀆するもの」とされ，ついに７月号の校了を最後に畑中氏は編集長の辞任へと追い込まれた。「可能なれば私一人の責任にとどめて，事をおさめたい」と畑中氏は思ったが，部員たち――次長・篠原敏之，黒田秀俊，海老原光義，浅石晴世，和田喜太郎氏らの辞意も固く，畑中氏は一同の辞職願いをまとめて嶋中雄作社長のもとに提出した。

ところで畑中氏は，前記５月の六日会の直後にも社長に辞表を提出している。しかし嶋中社長は６月２日の晩，赤坂の料亭「白水」に畑中氏以下編集部全員を招んで慰労した。「まちがっているのは軍部のほうで，それをなにも君がやめる理由はない。第一僕自身編集部を支持しているんだし，もともと道理が通るような世の中ならば，こんな事態になっているはずはない」といって嶋中社長は，その場で畑中氏の辞表をかえした。ところで，この当時，社内の一部に，軍部や官憲の意向に沿うような「“社長更迭”やむなし」とする空気が流れこんでいた。嶋中社長の地位も不安定であった。

しかし「『中央公論』編集部に関するかぎり，みな社長を支持して，その夜さらに結束を固めた感があった」と畑中氏は記している。

ところが6月15日，社告として「現中央公論編集部は解散し，畑中部長は責任者として休職処分に付す，篠原敏之次長は譴責す。他の部員は各部に転属せしむ」という処分が公示された（ただ黒田氏だけは事件当時，たまたま南方出張中であった，との理由が報道部にみとめられ，編集部に残った）。

黒田氏が陸軍と苦心折衝する中で，「陸軍は畑中氏たちが編集した『中央公論』7月号の刊行を心よしとしない意向である」ことが明らかになったので6月18日，すでに製本まぎわにあった7月号をみずから休刊した。社の創業以来かつてなかった非常措置であった。

なお前年1942（昭和17）年の9月18日付で『改造』編集長の大森直道氏と相川博氏が引責退社し，同編集部全員の更迭が行われていた。8，9月号に連載された細川嘉六氏の巻頭論文「世界史の動向と日本」が原因であった（9月14日，細川氏検挙。世にいう“横浜事件”の発端の一つであった）。

横浜事件と社の廃業

1944（昭和19）年1月29日，晴れあがった朝，休職も解かれ調査関係の仕事についていた畑中氏は，出勤の前のひとときを朝刊をひろげて自分の部屋でくつろいでいた。門の外で自分の名を呼ぶ気配を感じて戸口に出てみると4人の男たちがいた。「畑中繁雄さんですね」と確かめると，氏の返事を待つまでもなく家に上りこんできた。「神奈川特高警察の者ですが」といって，警察手帳といっしょに逮捕令状を氏につきつけた。薄い紙片の令状は横浜地方検事局検事の長谷川明から出されていた。逮捕理由は「治安維持法違反」の疑いであった（畑中氏と同月同日，中央公論社関係として，小森田一記，青木滋，藤田親昌，沢赳氏が検挙された）。なお浅石晴世氏は前年1943（昭和18）年７月31日に，和田喜太郎氏は10月（日は不明）に昭和塾関係としてすでに検挙されていた。1942（昭和17）年９月11日，川田寿氏（世界経済調査会主事），９月14日，細川嘉六氏（前記）から始まった“横浜事件”の被検挙者は49名（うち出版関係者23名）にのぼり，官憲テロリストたちの「小林多喜二が，どんな死にかたをしたか知っているか！」といった凄惨な拷問によって４名が獄中死，２名が保釈直後，または敗戦による出獄直後に死亡した。そして13名が失神，31名が傷害と流血など，心身へのすさまじい苦痛を与えられた。

1944（昭和19）年７月10日午前10時，情報局第二部長橋本政実は呼びつけた中央公論社と改造社の代表に対し，「自発的に廃業すること」を申し渡した。「営業方針において戦時下国民の思想指導上許し難い事実がある」などというのが理由であった。言葉は「自発的廃業」であるが，これは会社の「解散」命令である。７月31日を「解散の日」と定めた中央公論社の全社員は，大東亜会館に集まって会食し，別盃を交わして離散した。６月30日以来南胃腸病院で入院加療中であった嶋中雄作社長は出席できなかったが，社員一同に次の書簡を寄せた。

この度のことは全く私の不明と不徳の致すところでありまして，皆さんをかう云ふ惨めな最後に追込んだことは，まことに申訳けないと思ひます……思へば永い間の悪戦苦闘でした。今日刀折れ矢尽きた形で退却しますけれど，思ひ残すことは何一つありません。国家の為に良かれと思つた我々の誠意は，何時の日にか必ず認めらるる日のあるのを信じます。過去五十九年の足跡は厳として我文化史の上に遺るでありませう。この際我々は何にも言はないで，大波の退いて行くやうな形で，何の跡形も残さないでこの世から消え去りたいと思ふのです。為すべきを為しつくした人間の最後はかくあるべきだと云ふことを，皆さんの態度において示してください。……

良心と善意をつらぬく困難な道

中央公論社に入社した1932（昭和７）年から，編集長辞職，検挙・投獄，社の解散，敗戦，出獄までの約13年間を畑中氏自ら直接経験されたことを中心に記録した本書によって，私は，狂気と暴力の時代の日本の国家と，日本人の姿とを鮮明に理解することができたと思っている。それまで畑中氏からお話を聞いたり，また各種の本や雑誌などで一つの像を描いてはいたが，この本をくりかえし読むことにより，断片的ではない総合された像を心の中に持つことができた。

畑中氏が編集者として活動された戦前・戦中期は，治安維持法・出版法・新聞紙法・国家総動員法・新聞紙掲載禁止令・新聞事業令・言論出版集会結社等臨時取締法・言論出版集会結社等臨時取締法施行規則・戦時刑法特別法・国防保安法・軍機保護法・不穏文書取締法・軍用資源秘密保護法などの弾圧法規によって言論・出版界は直接間接的にしばられていた。そして畑中氏はこう記す。

……とくに太平洋戦争突入から敗戦にいたるこの末期段階における言論弾圧こそは，陸軍省軍務局・大本営陸海軍報道部関係軍人および，その思想幕僚をはじめ，情報局・内務省関係官僚と司法官憲・特高警察吏，さらにはこれらと陰に陽に気脈をつうづる一連の御用文化人，および自ら軍国主義の走狗に転身していった一部仲間うちの編集者らの意識的合作の所業である事実については，もはやだれも否みえぬところである。

とくに本書の「II　日本ファシズムの言論弾圧」は，瀧川幸辰，美濃部達吉，矢内原忠雄，河合栄治郎，石川達三の各事件，内閣情報局，陸軍報道部との「懇談会」，出版統制の下請機関「日本出版会」，津田左右吉事件，京都学派と『中央公論』，そしてファシスト評論家たち，「秀才」たちの“あざやか”な変身ぶり，言論報国会，文学報国会，日本編集者協会の“狂気”の編集者たちによる中央公論社，改造社などへの攻撃，大政翼賛会の文化部および思想部等々のことがくわしく記されている。

畑中氏は本書の「はしがき」で「……絶対権力者の暴力の矢面に立たされてなお，最低限の良心と善意をつらぬこうとすることのほうが，どんなに困難であったか，というその実感のみは，いまも私たちの脳裡につよく焼きついて，ついに消えさることはないだろう」と書いているが，“横浜事件被検挙者一覧”の人びとをはじめ，「最低限の良心と善意をつらぬこう」とした著者，出版経営者，編集者たちの姿が，畑中氏の，感情に流されない，深い事実認識にもとづく過不足のない文章によって鮮やかに浮びあがってくる。

先知先覚と不知不覚

ところで，中国では人間を三つに分けることがある，と何かの本で読んだ記憶がある。

先知先覚の人，後知後覚の人，不知不覚の人の三区分である。学校教育と，権力に屈服・迎合したジャーナリズムなどによって敗戦までの日本人のほとんどは「国の真実の姿」を知らされず，不知不覚であった。

ところで畑中氏は前記のように1944（昭和19）年１月29日，神奈川特高警察によって検挙投獄されたが，この年の９月１日，数えの21歳になった私は，東部第六部隊（戦後防衛庁になった場所）に入隊した。前年の“学徒出陣”につづく学業半ばでの徴兵であった。そして1946（昭和21）年３月まで約２年近く，中国大陸で日を送った。

この間これまで思っていた日本軍隊とは違う様々なものをまざまざと

見せつけられた。たとえば毎朝の点呼では「焼くな，犯すな，掠めるな」の斉唱であった（中国人の家屋を焼き，中国人女性に加害，中国人の金品を盗むことがそれまであったが，昭和19年 9 月の段階では現地軍の首脳部もこれの防止を考えざるを得なかった)。また《突撃一番》と印刷された小さな紙包みを支給された。いわゆるゴム製品である。“突撃”の犠牲者は朝鮮，中国の女性たちと，日本から連れてこられた日本女性たちであった。またある日，朝鮮の老人が駅のホームの日本人専用の水道の水を飲んだ，として25歳前後の憲兵が，半殺しになるまでなぐりつづけたことを目撃した。さらに私にとっての衝撃は，“初年兵教育”だとして 7 人の中国人を杭にしばりつけ，夕方近く初年兵10人ほどで，殴打するのを見せられたことである。班長の説明では「共産軍の工作員であるから」とのことだったが，捕えて 1 週間も経っていない“処刑"だった。

「大東亜共栄圏の建設」「八紘一宇」「東亜の盟主日本」等々のことばの無意味さが，“皇軍”の中に入って，はっきりとわかった。

1945（昭和20）年 8 月15日，天皇の放送は天津で聞いた。やがて重慶にいた蒋介石の軍隊とアメリカ軍が天津に来，われわれは武装解除されて丸腰になった。アメリカ軍の物資の荷あげ作業にかり出され，1946（昭和21）年 3 月，天津からアメリカの上陸用舟艇 LST で佐世保に上陸，復員した。帰国の船上と車中で，私は不知不覚だった自分をこれからどう再生させるかについて考えつづけた。

3 月末日，東京の自宅が焼失したことがわかったので，神奈川県藤沢市鵠沼海岸の親戚の家にいた母のもとに帰った。同じく焼け出された従兄の清水英夫と，その母（私の母の妹）がいた。清水の弟（早大理工学部在学中）は自宅（新宿区の弁天町）近くで焼死したらしい，とのことであった。清水は東大 3 年在学中で，私に『改造』や『中央公論』その他の本を貸してくれた。1947（昭和22)年，清水は中央公論社に入社し，『中央公論』編集部員として畑中氏の下で働くことになった。私は既述したように翌48年，日本出版協会の『日本読書新聞』編集部員に採用された。

“先知先覚”はムリとしても，せめて“後知後覚”をめざし，二度と“不知不覚”な人間にはならないように努めること，そして，「良心と善意をつらぬこうとする」道をさらに幅広く，長くしていこうとする生き方ということを教えてくださった方の１人は畑中繁雄氏であったと，いまも，強く思っている。　　　　　　　　　　（1992年９月記）

『覚書　昭和出版弾圧小史』は1977（昭和52）年１月25日，新装版が出版された（圖書新聞社）。1986（昭和61）年３月10日，横浜事件再審請求の運動を進めている高文研社長梅田正己氏による新編集で『日本ファシズムの言論弾圧抄史——横浜事件・冬の時代の出版弾圧』として高文研から出版された。原稿の引用文は，この本からのものである。

Ⅲ　レッド・パージ旋風と出版界

——戦後日本の体質を作ったアメリカ占領軍

1

出版不況の中で『圖書新聞』創刊

1949(昭和24)年の6月，既述したように日本出版協会の編集室（週刊紙『日本読書新聞』と月刊誌『書評』を編集・刊行）の責任者である田所太郎氏が独立，週刊の『圖書新聞』を創刊(6月25日付)した。

この年はドッジ公使が3月7日，日本経済安定策（ドッジライン）を示し，また9月15日，シャウプ使節団の税制改革勧告案の発表などにより不況が深まり，出版界でも有力雑誌の休・廃刊，主に戦後の新興出版社の休・廃業が増加した年である。1911(明治44)年生まれの38歳という若い田所氏の，創業には，かなりきびしいものがあったといえる。

更にこの年は6月30日の平事件（警察署占拠），国鉄の9万5000人にのぼる人員整理基準の発表(7月1日)，7月5日，下山定則国鉄総裁が行方不明。翌朝，轢死体で発見（下山事件），15日，中央線の三鷹駅で無人電車が暴走（三鷹事件），8月17日，東北本線松川駅付近で列車転覆（松川事件）など奇怪な事件が続発して国内は騒然たる状況であった。9月に入ると，8日，団体等規制令（4月4日，公布施行）により在日朝鮮人連盟に解散命令が出され，19日には公務員の政治活動を制限するために人事院が人事院規則を制定施行した。10月1日，中華人民共和国中央人民政府が成立した。20日には東京都公安条例が公布施行された。

こうした国内，国外の動きの中でGHQ（General Headquarters of the Supreme Commander for the Allied Powers　連合国軍最高司令官総司令部，または連合国軍総司令部と邦訳）は，日本国内の労働運動・

民主運動への弾圧を強化するとともに，官庁・会社・工場・学校その他からの“レッド・パージ"（赤色追放）を準備し実行しはじめた（これに対して“9月革命"説なども6月には唱えられていた)。

10月6日，日本学術会議がレッド・パージに反対する決議を行い，22日，全国大学教授連合も反対声明を発表した。このほか多くの反対運動が起こり，とくにGHQの顧問イールズ博士が11月11日，岡山大学で“赤い教授"追放を強調した講演を行ったことから，イールズ反対闘争が展開された。

出版界の出来事では閉鎖機関に指定された日本出版配給株式会社に代わって，東京出版販売株式会社，日本出版販売株式会社など9社（東京4，地方5）が発足，新しい販売体制がスタートした。10月20日，戦没学生の遺稿を集めた『きけ　わだつみのこえ』(東大協同組合出版部）が出版された。また長崎で原爆を受けた永井隆氏の著書『この子を残して』(講談社),『長崎の鐘』(日比谷出版),『ロザリオの鎖』(ロマンス社）が，それぞれベストセラーの上位を占めた。

明るい大きなニュースでは11月3日，湯川秀樹京大教授のノーベル物理学賞受賞があった。

2

小川町から麹町へ移転

1950(昭和25)年は，コミンフォルムが日本共産党の平和革命論を批判（1月6日)，平和問題談話会の全面講和論の発表(15日)，トルーマン大統領の水爆製造指令（31日）等々で幕が開いた。

3月1日，自由党（吉田茂総裁）が結成されたが，既述したように，この日の朝から私は『圖書新聞』の記者として働くことになった。学校卒業後わずか1年半で『日本読書新聞』を辞めた私に対して，明治生まれの母は，私の“先行き”を案じたにちがいないが，「まだ独り身なんだから，おまえさんのいいようにおしヨ」とだけ言ってくれた。

神田小川町の交差点から少し淡路町に寄った4階建ての小川町ビルの塔屋部分！にあった圖書新聞社の部屋はきわめて狭く，階段も暗く，ビル全体が古びて，うす汚れていた。しかし創業の活気のようなものがみなぎっていた。編集部は，社長で編集長の田所氏，『日本読書新聞』の実務責任者であった山形暢彦氏，前年採用された新卒の玉利勲氏，徳江一正氏，万里閣からの山尾和子さん，『文化新聞』からの安田金三郎氏。営業と庶務などの仕事は,創業準備の段階から働いていた関広人氏が行っていたが，年末までに今淵啓二氏，小林栄郎氏（三省堂），村山敏子さん（日本出版協会），まだ十代の鈴木利夫氏，了道猛氏たちが加わった，と思う。

少し余談になるが，この小川町ビルの前の大通りの向う側に老舗の蒲焼きの店「川新家」がある。跡取り息子の若旦那は佐々木健三君といい，戦時中，私が中国大陸の九江で軍隊生活を送っていた時，起居を共にして親しくなった同年の友達である。復員後も交際がつづき，ほとんど毎年，土用の丑の日の前後に蒲焼きを大きな折箱に入れて訪ねてきてくれた。まだ食糧難の時代であっただけに，佐々木君とウナギのありがたさが身に沁みた。

4月1日，圖書新聞社は麹町の東條会館隣りの竹工堂ビル3階に移転した。1階は森川金寿法律事務所，2階は海野晋吉法律事務所が入っていた。蔦のからまった竹工堂ビルの前は半蔵門で，皇居のお濠と緑が編集室からよく見えた。1959(昭和34)年4月10日，皇太子と美智子さんの馬車が四ツ谷駅方面に向かって左折する地点にあったのがこの竹工堂ビルであった。中央公論社の松村淑子さん，その他数社の出版社の編集者とカメラマンが3階の私たちの編集室から撮影した。なお，ご成婚パレードのテレビ視聴者は推定1500万人と『日本史年表　増補版』（岩波書店）にあるが，以後テレビが激増していった。

さて，編集部での私の仕事は『圖書新聞』の第1面の特集企画の立案と，出版・文化界の出来事の報道であった。原爆禁止を提唱したストックホルム・アピールの発表（３月15日），日本戦没学生記念会結成（４月22日），日本学術会議の「戦争目的の研究に従事しない」決議（28日），東北大学でのイールズ博士講演阻止（５月２日），吉田茂首相が全面講和を説く南原繁東大総長に対して「曲学阿世の徒の空論」と非難（３日），同じ日，マッカーサー最高司令官は日本共産党の非合法化を示唆し，６月６日，同党の中央委員24人の追放を日本政府に指令した。

こうした動きの中で取材活動をつづけていた私は，何人かの出版社の経営者や編集者から「追放になる出版社があるらしい」「くわしい調査が行われていて，かなりの数の出版社が対象になっているようだ」との話を聞かされた。

3

「29社を出版界から追放」と報道

“出版社の追放" が新聞で報道され始めたのは,それから間もなくであった。まず６月15日付の『夕刊世界経済』が，第１面トップで５段見出しの「赤追放の第三旋風　狙われる出版社三十社 責任者，編集者に措置か」という記事を掲げた。その内容は，次の通りである。

> さきに共産党中央委員，アカハタ製作責任者四十一氏を追放した政府は続く第二，第三の対共措置を考究しているようであるが，その一環として反民主的あるいは民主主義の発展を阻害する出版社の責任者，編集者に対する処置についてもすでに検討を進めている模様で，近く追放などの形で具体化するのではないかとみられている，その対象とされる出版社は三十社にも上るといわれるが，その内には日共出版局もふくまれており，これらの出版社は平和と独立に藉口して最近露骨に反民主的または反占領軍的文書を意識的に出版しているものとしてかねて慎重な調査の対象となっていたといわれる（筆者注＝この当時のニュースの表記では句点をつけなかった）。

6月16日発行の『夕刊読売』（日付は6月17日）は3段見出しの「29社に警告　出版界のプレスコード違反」という次の記事を掲載した。

　さいきん出版業界にプレスコードに違反していると思われる出版物が相当多数あり，このまま放置すれば出版責任者追放という事態をひきおこすことも憂慮されるにいたったというので日本出版協会ではとくにこの傾向があると指摘される二十九社を主な対象としてここ数日中に協会としての意見をまとめた声明書を発表，厳重警告を発することになった

つづいて6月17日付の『読売新聞』（朝刊）第3面のトップに「荒ぶか追放旋風　次は赤い出版社　29社に近く事前警告」という4段見出しのニュースが載った。以下はその内容である。

　さきに行われたアカハタ編集関係者十七名追放などをきっかけにして最近の出版界の一部における左翼的偏向が問題となり，なかにはプレスコード違反と思われる出版物もかなり多数にのぼるので日本出版協会では，ここ数日中に協会としての考えをまとめた声明書を発表，指摘される出版社に対し厳重警告を発することになった

　これは出版界の現状をこのまま放置すれば出版責任者追放という事態をひきおこすことが強く憂慮されるにいたったからであり，同協会が声明書で主に対象としている出版社は夕刊所報の如く二十九社に達している

　これらの出版社はその編集方針から一方的に偏した雑誌，単行本を出版，発行し，あるいは許可なしに秘密出版の形で翻訳物その他を出していたもので，かねてから当局の慎重な調査の対象となっていた

　なお同協会とならんで全国出版協会でもなんらかの形でその見解を表示するのではないかとみられる

そして最後に「名前はご存知の筈」という見出しで日本出版協会石井満会長の談話が付されている。

われわれとしては出版業者が国際情勢をにらみあわせ追放などという不幸な事態をおこさないよう事前に注意してもらいたいという意味で声明書を出すことになったものだ，こういったわけで，いまは警告を発する段階だから二十九社の名前をいうわけにいかないが，ある程度は，おのずからお分りのことと思う，その意味で声明の中に二十九社の名を盛り込むかどうかについては考慮中である

また19日付の同紙朝刊コラムでは「一方的出版社」の題で

……日本出版協会が警告を発することになったという。この処置はむしろ遅きに失した位で別に異とするには足らぬが，「一方に偏した」かどで警告を発するとしたら，この際ついでにもう一つの「一方に偏した」出版社にも厳重な警告を発したらどうであろうか

として，“エロ・ショウ”などよりも“エロ出版物”の方が害毒甚大であることなどを記し，この「一方」は，どうにかならんものでしょうか　出版協会殿？（白井明）（筆者注＝白井明は林房雄）と述べている。

真相を語らぬ石井満・出版協会会長

6月19日の午後2時，出版社の有志20数氏は日本出版協会に石井満会長を訪ね，“出版社追放”の動きの真相，また『読売新聞』に出た石井会長の談話などについて質問した。

『アカハタ』（6月21日付）は，このことを次のように報道した。

「追放社のリストはどこからでたか」

「全然しらない，常識で判断されたらよかろう」

「どこからでたかもわからぬ“怪文書”をもとにいろいろの情報を

各出版社に流すとは無責任ではないか，読売新聞には事前に注意をうながす声明書をだすとか，警告を発するとかいう談話がでているではないか」

「読売にでたわたしの談話は全く関知しない，わたしは中小出版業者の利益のために不当な措置には反対してゆくつもりだ，言論・出版の自由を守るためにはあくまでたたかう」

　なお読売の記事に関するはげしい追及の結果

「あれは，朝日，毎日，読売に10日後にのせる約束で話したのに読売だけが約束を破ったのだ」

と白状し，この10日間に追放世論でっちあげの時をかせごうとしていた内幕をバクロした

「追放出版社のリスト」なる怪文書については，従来出版協会で「内密」ということで関係業者にみせていたが，19日午前，リストにあるとうわさされている某社が問合せに行ったさい「そんなリストはない，今後なにかの指示でもあれば知らせる」と全く従来の態度を一変してつっぱねている，19日以前に，リストを見せられたある業者は石井満氏から「このリストにある出版社にはすぐ連絡してわたしのところへくるようにいっていただきたい」といわれており，石井氏の態度一変には，不可解なものが残されているが，「わたしが出版社にたいして“警告"するなどの権限は無い」と恐縮する一方で「今回の事件を関知している少くとも数名の人がどう動いているかもよく調べていただきたい」と暗に全国出版協会の動向を非難し，責任を転じようとするそぶりを見せている

なお，この記事の最後には，二つの談話が載っている。

◇日本出版協会従業員組合委員長高山正氏談「このあたりで，どうしても抵抗線をはらねばならぬと思っています，いろいろ難しい面はありますが，どこまでも出版社その他と広く共同してたたかって

いきたいと考えています」

◇『日本読書新聞』編集部の某氏は「編集権は石井会長にあるのですが，現在のところ次号に会長談がのるかも知れぬからスペースをとるようにといわれています，しかし今後の編集の方針は従来とかえるようなことはしないつもりです」と語った。

日本出版協会の『日本読書新聞』はこの“出版社追放"については報道・論評をしなかったが，6月14日号の第1面のニュース欄で3段見出しの「日共追放者　旧著再版には処置　“新出版"とみなされる」という次の記事を載せた。

去る六日の共産党幹部二十四氏および七日の「アカハタ」編集関係者十七氏の追放指定にともない「勅令一号」の規定によってこれら各氏の新聞，雑誌，映画，演劇，放送，出版等報道機関への就職は不可能となり，また言論活動等にも制限が加えられることとなった

追放指定者のうちこれまで雑誌，書籍で比較的盛んに執筆活動を行っていた人々は神山茂夫，高倉テル，蔵原惟人，志賀義雄，守屋典郎，西沢富夫，徳田球一，野坂参三，伊藤律，宮本顕治，菅間正朔，青山敏夫氏ら少くないが，将来は文章，口頭を問わず政治的見解の発表は不可となる，「研究の自由」はみとめられており，政治批判にわたらぬ随筆などの執筆は差支えないとされるが，法務府特審局第二課の見解によれば

被追放者の著書等でこれまでに出版されたものについては風紀取締りとは違い禁止，回収は行われないが，再版の場合は新出版と認めて処置される，また雑誌論文ですでに印刷・製本が出来上っているものは追放指定前の言論とみなされるが，編集者の良識にまつ

といっている。

なお近く出揃う各総合雑誌七月号では「文藝春秋」巻頭の随筆欄の一篇として志賀義雄氏が「地名」という短文を寄せているが，同誌でもこれは普通の随筆であり，差支えはないものとみて，そのまま発表するといっている。また「世界」八月号には神山茂夫氏の「思い出」（仮題）が予定されているが，これも随筆風のもので，同様掲載するという，他の「中央公論」「改造」「日本評論」「朝日評論」「読売評論」「展望」の六誌には追放者の執筆は予定されていなかった

なお『朝日新聞』は6月18日付の朝刊の「天声人語」の中で，『読売新聞』の記事にふれて，わずか数行，出版社追放のことにふれただけであった。

…略…今度は赤い出版社に追放旋風が吹くかもしれない（読売）ともいう。何だかありし日の言論，出版，集会圧迫の時代が思い出される…略…

ところで『毎日新聞』などは“黙殺"という形をとり，報道・論評しなかったのではないか，と私は記憶している。

4

二世係官が追放出版社のリストを示す

出版・文化界のニュースを追っていた私は“赤色出版社追放"についての確かな事実をつかもうと，いろいろ調べていたが，朝，出社してしばらくすると，電話が鳴った。受話器をとると，

「連絡したい重要なことがあるので，発行責任者と，記者の人，大至急こちらへ来てほしい」

GHQの専門部局のひとつであるCIE（the Civil Information and Education Section　民間情報教育局）からであった。CIEは占領下の日本の教育・報道・宗教などについて情報収集と指導・監督を行う機関

である。

田所太郎社長と私は,すぐさま半蔵門角の竹工堂ビル3階の編集部室から階下に降り，東條会館の前の通りでタクシーに乗った。フランスの詩人ノエル・ヌエット氏も絶讃した三宅坂を経て日比谷交差点に至る美しい風景がつづく街路を下って行く。田所氏はずっと無言である。

マッカーサー元帥がいる，お濠端に面したGHQの第一相互ビルが見えてきた。

CIEの主な部課はこのビルの中ではなく，日本放送協会の放送会館(東京都千代田区内幸町2-2）の階上部分などを接収して入っていた。このほか銀座4丁目の服部ビルにはインフォメーションセンター，有楽町1の12の建物には宗教文化資源部，世論調査・社会科学研究部を置いていた（『出版年鑑』1950年・関係官庁一覧)。

何階であったか，今では記憶がはっきりしないが，エレベーターから廊下に出て少し歩いたところの部屋に私たちは案内された。大部屋につづく小さな部屋で，一つの机と椅子が3，4脚ほどあったように思う。少しうす暗かったことも憶えている。

一人の長身でスマートな若い日系の二世が現われた。

着席すると彼は，姓名も名乗らず，少しせかせかした調子で，こう話し始めた。

「あなた方の新聞は，出版界との関係が深いので，これからお見せするリストにある出版社が近く追放になるらしい，ということを紙面で大きく扱ってほしい」

と，一枚の紙片を田所氏に手渡した。

田所氏は，しばらくそれを見ていたが，次に机の上に置き，左隣りに座っていた私の目の前にその紙片を移動させた。

「これは，もらってもいいのですか」

「それはだめだ」

「こんなにたくさんの出版社の名前はおぼえられないし，間違うとまずい」

「書き写すことは，かまわない」

私は取材メモをとり出して，誤記しないように慎重に書き進めた。安芸書房・青木書店・永美書房・婦人民主新聞出版部・暁明社・平和出版社・伊藤書店・日本共産党出版局・クラルテ社・民主評論社・民主青年新聞社・ナウカ社・農村の友社・黄土社・大月書店・三一書房・五月書房・社会主義著作刊行会・社会書房・新日本文学会・世紀社・冬芽書房・飯塚書店・新興出版社・日本出版株式会社・人民社・真理社・河童書房・20世紀文学研究会

総計29社であった。

二世の係官に紙片を返しながら，私は，

「『追放になるらしい』という記事が読売新聞などに出，また日本出版協会の会長の談話も報道されたが，誰が追放するのかがこれまではっきり分らなかった。どれも“推測記事”だから一般の読者は噂かデマと思ってしまう。はっきりと『CIE の発表では……』と書かなければ……」

と言った。すると二世の係官は，少しキツイ顔付きになり，

「CIE の命令とか発表などと書かれては困るし，許さない。あくまでも出版業界自体の問題として，出版界が自主的にこれら29社を追放するような世論を起こしてもらいたい。あなた方の新聞でも，その役割をになってほしい。取材ソースは，絶対わからないように，たとえば『圖書新聞』の取材努力の結果，29社……』という風に報道してもらいたい」

と言って，二世の係官は奥の部屋に消えた。

新聞創刊2年目でもあり，田所氏はこれを紙面でどう処理するかに苦労があったと思う。

6月28日付の第1面で「追放旋風を展望す」というタイトルで400字詰め8枚ほどのイニシアルT・T原稿を自ら執筆された。29社の社名は出さず，これまで発表された『読売新聞』などの記事を材料に，巧みにボカした内容の文章であった。戦時中，軍部の圧力下で『日本読書新聞』

を編集しつづけた氏だけに，CIE の要請をうまくかわした文章であった。

朝鮮戦争で大量のレッド・パージ

6月25日，朝鮮戦争が勃発した。GHQ は『アカハタ』の1ヵ月停刊（6月26日），つづいて7月18日，無期限停刊（後継紙や同類紙も同様）を指令し，さらに7月28日，新聞・通信・放送を皮切りに主要産業と政府機関に対して大量のレッド・パージを行っていった。

GHQ の勧告と指導により各経営者が，対象者に対し解雇通告を行い，公然とレッド・パージを開始したのは28日午後3時からであった。『朝日』（72人）『毎日』（49人）『読売』（34人）『日経』（20人）『東京』（8人）『共同通信』（33人）『時事通信』（16人）『ＮＨＫ』（106人）（筆者注＝当時は民間放送はまだ無かった）計8社の従業員338人が首を切られた。続いて30日，『夕刊京都』（11人）『大阪』（5人）『京都』（6人）など地方紙10社，8月1日，『朝日』の第二次として28人，5日までに『中日』（36人）『河北』（20人）『山形』（18人）『中国』（21人）『西日本』（7人）『北海道』（35人）が馘首され，総計704人の多きに達した（三枝重雄『言論昭和史』日本評論新社）。なお映画関係は113人，と同書は述べている。

『目でみる　出版ジャーナリズム小史』（日本ジャーナリスト会議・出版支部編，高文研刊）は，次のエピソードを記している。

> 各社とも通告から一定時間内の社外退去をもとめた。小椋広勝（のち立命館大教授），本田良介（のち JCJ 副議長）ら共同通信の被解雇者たちは，資料室，ついで組合書記局にとどまったので，翌日，同僚の激励の拍手の中で武装警官隊によって“排除”された。

1950(昭和25)年12月10日現在の労働省の調査では，民間産業のレッド・パージは24の産業部門，537社，1万972人，政府発表による政府機関の解雇者は1196人（11月末現在）となっている。

ところでレッド・パージされた人びとの中には「共産党員」でもなく，「同調者」でもない人も多く含まれていた。知人の『Q新聞』の文化部記者Pさんは，その学識と人柄で，作家，評論家やジャーナリストの間で愛され，尊敬されていた方（現在故人）であったが，社を追われた。このほか私が知っているZ氏，X氏など数人の各社の新聞記者も同様であった。新憲法は思想・言論・表現・報道・出版の自由を保証しているのに「好ましくない思想をもっている」と判断（または誤認）して職場から追放し，その人の生活権を奪いとるのは明白な基本的人権侵害の言論弾圧といえる。しかし，

> レッド・パージの不法を訴えても，裁判所ではほとんどすべてが身分保全の申請を却下し，労働委員会も審問拒否の態度をとったため，労働者は法の救済を求める道がほとんどまったくとざされました。……（中略）……
>
> このような弾圧が加えられたとき，わが労働者階級はこれと有効にたたかうことができませんでした。共産党はこのころ，運動の路線をめぐって内部対立が鋭くなっていましたが，弾圧はこれに拍車をかけて党の組織が分裂状態におちいり，この重大な情勢に労働運動を適切に指導する責任を果たすことができませんでした。社会党は，朝鮮戦争不介入の態度をとり，情勢を傍観していました。労働組合には内部に思想的，政治的対立が深まり，敵の強烈な攻撃に対する恐怖感もつよまって，仲間の権利を守って統一的にたたかうことができませんでした。これらの不幸な経験は，後味の悪い苦い記憶となって，わが労働運動の歴史のなかに残っています。（塩田庄兵衛『弾圧の歴史』労働旬報社）

レッド・パージは，アメリカのペンタゴン（国防総省）か，それともマッカーサー元帥か，またはGHQの労働課か，あるいは吉田茂首相の主導によって，行ったものなのか？

松浦総三氏は『占領下の言論弾圧』(現代ジャーナリズム出版会，本書は出版社廃業のため絶版。現在は『松浦総三の全仕事』第2巻，大月書店に所収）の中でこう記している。

> 新井直之は「占領軍の建前は間接管理であったが，放送や新聞だけは，直接管理だった。だから，このパージは明らかにペンタゴンとGHQがやったものだ」という。だが，新聞や放送でない一般の産業で働いていた労働運動家たちは「日立や東芝というような職場では，レッド・パージを遂行したのは，GHQの示唆に便乗した大企業の経営者である」という見方をしている。今日からみて，おそらくこの二つの見方は的を射ているだろう。いってみれば，レッド・パージのプランの原作はペンタゴンで，脚本と演出はGHQ，編集と演出助手が吉田茂と日本の独占資本家ということになろう。

29出版社の追放は無かったが……

私たち『圖書新聞』編集部では，こうした状況の中で，前記の「29出版社の追放」がいつ行われるのか，また新聞，通信，放送と同様な従業員の解雇が各社でどのように始まるのか，と成行きを見守っていたが，不思議なことに，いずれも不発に終わった（"出版社追放" が報道される数ヵ月前に『日本評論』〈3月号〉が徳田球一の「われわれは落着いてやっている」という文章を掲載し，CIEのドンブラウンによって渡辺潔編集長と村上一郎編集員が解雇されたことはあったが)。

当時，私たち編集部で推測したことは次のようなものであった。戦時中の1944(昭和19)年7月，情報局が中央公論社と改造社に対し解散命令を出し両社を廃業させたことがあるが，今回は29社という多数であり，GHQとしても結局，実行に踏み出せなかったのではないか。第2に，中小零細企業群といえる出版界は企業の数が多く，すべてにわたって綿密な調査を行うことは困難なこと（“追放” とは企業を “潰す” ことなのだから，いいかげんな調査で実行すればGHQへの日本人の批判と反対行動を強めることになる)，そして，私たちはこう考えた。GHQは，新聞，通信，放送に先立って“出版社追放”ということを大新聞社や出版経営者の団体である日本出版協会その他の団体の幹部に要請し，その成行きを，うしろからながめて，レッド・パージの戦術を研究しようとしたのではないか。そして「29社の追放」を実行しなくても，「追放のウワサ」を流しておけば，十分に出版界をコントロール出来ると思っていたのではないか。

次に従業員のレッド・パージについては，影響力の大きい主要な新聞社，通信社，NHKを重点的に行えば，あえて出版界のパージに手を出さなくても出版社の“自己規制”で目的を達することが出来る，さらに執筆者たちの“自己防衛的警戒心”からの沈黙や，トーン・ダウンした発言や論調をも増加させることが出来ると考えたのではなかろうか。

以上はあくまでも一つの推測であり，今後新しい資史料の発見によって真相がさらにえぐり出されるかもしれないが，このGHQの戦術が一定の成果をあげたことだけは間違いない，と思っている。

なお，この年は日本の旧軍人や戦争指導者たち，戦争に協力した言論界・文化界・新聞界・出版界その他の人びとの“追放解除”が始まった一つの曲り角の年でもあった。

6月26日，D・H・ロレンス，伊藤整訳『チャタレイ夫人の恋人』(小山書店）がワイセツ文書として押収された。1957(昭和32)年3月13日，最高裁の判決が下りるまで言論・出版界に大きな波紋を広げたチャタレイ事件の始まりである。

次に，GHQによる検閲について記してみよう。

5

編集長を詰問するGHQ

①1950(昭和25)年7月号の『文藝春秋』が2人の東大生の手記

(「東大学生細胞」と「やくざアルバイト」)を掲載した。1ヵ月後，編集長の池島信平氏はGHQに呼び出された。その時のことを氏は筆者にこう話してくれた。

……GHQの担当官は，いきなり「君は共産主義者か」と言う。私は「自分はかつて共産主義者でもなかったし，現在もそうではない。恐らく将来も共産主義者にはならないだろう」。すると，担当官は「この手記は共産主義者が書いたものであり，これを雑誌に掲載した君らは共産主義者と認める」。私が事情を説明しようとすると，担当官は「なんらの説明も言い訳も聞きたくない。もし今後，こういう問題を起こすことがあるなら，君の編集長としての地位と『文藝春秋』の運命もどうなるかわからない」と言って席を立った。わずか2分間の出来事だったナ。

②『朝日評論』(朝日新聞社)の編集責任者・川村雄氏は同誌8月号発売の当日の1950年7月10日，GHQの新聞課に呼ばれ，「あなたの雑誌の7月号に田中慎次郎『冷たい戦争と日本』を載せたことはプレスコード違反であり，この論文に目を通した以上，編集長であるあなたの責任である」と言われ前記の池島氏同様「編集責任者の地位，雑誌の発行も保証しかねる」との注意がなされた。朝日新聞社では田中論文がGHQを刺激したとすると，8月号の清水幾太郎「運命の岐路に立ちて」と戒能通孝「学生を政治に駆るもの」もプレスコード違反と見なされるのではないかとして，即日，自発的に8月号の発売を停止した。

③1949(昭和24)年8月はじめ，シカゴ大学出版部から法政大学出版局に『The Case of General Yamashita』という本が届いた。山下奉文将軍のフィリピン法廷での裁判記録（山下の証言から始まり全36章，巻末にアメリカの大審院に対する上告文を付す）で，著者は山下の弁護人A・フランク・リール氏。8月14日付の『東京新聞』が「恩讐を超えた愛の弁護――山下裁判にしのぶ」という見出しの7段記事で，この本を

紹介した。その直後，法政大学出版局の責任者にGHQから呼び出しがあった。まだ出版のための準備も始めていないのに係官は語気荒く詰問口調で言った。「この本はわれわれの裁判を批判している。法政大学はミリタリズムか，野上豊一郎総長はミリタントか。これを読んだ日本人の中には，われわれの日本占領を批判し，反乱を起こす者が出てくるかもしれぬ。そうなると10年ですむ日本占領も30年，あるいは50年になるかもしれない。それでもいいのか」。そして野上総長にも「出頭せよ。来なければ，われわれはジープで連れに行く」という連絡があった。

さらに朝日・毎日・読売などの編集局長がGHQに呼ばれ，この本に関する一切の記事の差し止めが行われた。また，これらの新聞社と中央公論社・改造社・文藝春秋新社など有力出版社に送られてきていた同書はすべて没収された。このため「いくら占領軍でも，これは行き過ぎだ」として『タイム』『ニューズウィーク』などの東京特派員が大きく報道し，『シカゴトリビューン』はマッカーサー元帥とトルーマン大統領に公開質問状を提出した。

④1950年，翻訳・出版権のエージェント（仲介業者）フォルスター氏との間でコールドウェルの3作品を出す契約がまとまった。岩波書店が「タバコ・ロード」，三笠書房が「神の小さな土地（邦訳名）」，月曜書房が「巡回牧師（邦訳名）」である。これより以前，六興出版社が同じ著者の「汚れた土地」を出版していたので，何も問題はないと3社は思っていたが，GHQから“出版不許可”の通知があった。岩波書店では紙型までとっていた。三笠書房では翻訳途中であった。

ジャーナリズムのあり方

以上①～④の事実は，1952(昭和27)年4月28日，平和条約・日米安全保障条約の発効とGHQの廃止により，はじめてマスコミの“取材と報道”が可能になった中で明らかにすることが出来た事実である。私たちの『圖書新聞』では1952年の5月26日号で「もう話していいこと」という特集を組み，①～④のほかに日本評論社，中央公論社，改造社，創元社，黄土社，大月書店，青木書店，月曜書房，岩崎書店，社会思想研究会出版部，永美書房，伊藤書店の12社におけるGHQの言論統制について報道した。私たち編集部員は，これらの社以外にも多くの社から事実を集めようとしたが，アメリカの占領が終わった直後のことでもあり，各社は“慎重”であり，取材出来なかった。

なお同じ号で私たちは「それは一昨年のことだった――レッド・パージに驚いた出版社」という見出しの記事を載せた。これは既述の29社の出版界追放の噂についての真相を私が記したものである。私は29社の名前をこの中で発表することが出来たが，このことと同様に，前述の「もう話していいこと」(傍点筆者)という特集のタイトルをつけたことでも明らかなように“言論統制の下では何も言わない，言えない，ほんとうのことを伝えない，論評しない”ジャーナリズムのあり方，その中で働いて給料をもらっている28歳の私というものについて，改めて考えないわけにはいかなかった。そして戦時中とアメリカ占領下という時代の中でのジャーナリスト，評論家，学者，作家たちの身の処し方について勉強していかなければ，と強く思った。

6

膨大な検閲のための資料

1945(昭和20)年8月30日，マッカーサー元帥が厚木に到着。9月9日，マ元帥は，自由主義助長などの「日本管理方式」につき声明し，つづいて翌10日には「言論及び新聞の自由に関する覚書」，19日「プレスコード」，22日「ラジオコード」，29日「新聞言論制限法令の全廃」等々の覚え書を出し，GHQによる新たな言論統制が始まった。1949（昭和24）年末まで主要な新聞・雑誌に対する“事前検閲”が行われ，以後1952(昭和27)年4月28日の平和条約と日米安全保障条約の発効，GHQの廃止まで“事後検閲”がつづけられた。GHQ の参謀部（General Section）第 2 部（G–2）の民間検閲支隊CCD（Civil Censorship Detachment 日本政府の文書では「民間検閲部」）は，電話の盗聴，私信の開封，発行された印刷物（新聞・雑誌・本その他。小学生が作った新聞からお寺の宗教活動のための雑誌，受刑者の俳句誌，各種パンフレットなど広範囲に及ぶ）およびラジオ，映画，演劇の台本の検閲などを行なった。

ところで日本各地から集められたこれら検閲のための資料は膨大な数であったろうし，恐らく占領終結とともにアメリカ軍は焼却，断裁などの方法で“処分”してしまったであろう，と私たちは考えていた。削除（delete），掲載保留（hold），掲載禁止（suppress）の 3 段階があった検閲処分の爪跡を調べるための第一級資・史料は消滅した，と私たちは長い間思いこんでいた。

ところが，アメリカのメリーランド州立大学のマッケルディィン図書館の地下室に保管されていることが森園繁氏によって1971年に明らかにされたのである。「プランゲ文庫」と言われているが，アメリカ50州のうち下から 9 番目に小さいメリーランド州の州立大学に，なぜ占領下日本の資・史料があるのだろうか？　同文庫のアシスタント・キューレターでアメリカ在住25年の村上寿世（としよ）さんが日本出版クラブの会報『出版クラブだより』に寄稿した文章（1993〈平成 5〉年338号・342号，1994〈平成 6〉年349号・354号・357号，1995〈平成 7〉年363号・366号）によって私が知ったことを次に記してみよう。

プランゲ博士，母校へ資料を送る

メリーランド大学教授・歴史学者のゴードン・W・プランゲ（Gordon W. Prange, 1910年生まれ）博士は，GHQ の参謀部第 2 部（G–2）の C・A・ウイロビー部長の要請で，同部の歴史部でマッカーサー元帥の太平洋戦争報告書（戦史）作成の仕事を始めた。博士は戦時中の1943年～45年の間は，コロンビア大学の海軍戦略研究所におり，台湾の政治・行政についての手引書を数冊書いた。またプリンストン大学にあった海軍軍政学校で日本帝国議会の組織のことなどを教えた。1945年〜46年は，GHQの統計局で，在日・在韓アメリカ陸軍が出していた月例報告書に，政治関係の活動家についての報告などを執筆した。

博士は，一度帰国したが，再度G-2の歴史部で働くことになったわけである。そして1949年に同部の主任，51年には部長となり，ようやくマッカーサー元帥の太平洋戦争報告書を完成し，ウイロビーに対し提出した。この間，博士はアメリカと日本の多くの軍人にインタビューし，太平洋戦争を解明するための双方の資料を徹底的に探し出した。博士はこれらの資料と，すでに述べた検閲のために集められた資料や，検閲作業のときに作られた書類を母校のメリーランド大学に送って保存しようと考え，1949年の初め，ウイロビーに相談し，強く頼んだ。前者についてはOKが出たが，後者については，なかなか結論が出なかった。それはハーバード大学やスタンフォード大学が，ウイロビーに対して「ぜひ検閲資料を譲り渡してもらいたい」と猛運動を展開したからであった。とくにスタンフォード大学は「フーバー　ウオー　ライブラリー」(Hoover War Library）を持っているので，これらの言論検閲資料は，どうしても入手したい，と考えていた。両校とも，それぞれGHQの部長クラスの卒業生を通じて働きかけたりした。

プランゲ博士は母校の総長に資料の重要性を説き，“資料獲得戦”の援護をしてほしい旨の手紙を何度も書いた。そして“ハンマーでブッ叩く”ようにウイロビーに頼みこみ，ついに承認をもらうことが出来た。

2万種類の新聞，1万3000種類の雑誌，約6万冊の本，約2万冊のパンフレット，約600枚の地図，通信社発行の配信ニュース約70万頁，新聞に載せる報道写真2000枚，ポスター類，その他の資料が1950年1月からアメリカに送られた。日本の大工さんが作った107cm×53cm×46cmの木箱で計500箱を超えた。プランゲ博士は土曜も日曜も返上して箱詰めの監督をし，自らも作業した。メリーランド大学から博士に送られてきた費用は6000ドルであった，という。

さて大学に運ばれたこれらの木箱が初めて開けられたのは1962年。中国と蒙古の研究者ファーカー博士が，韓国人の大学院生を助手に約300箱を1年余りかけて調べ，60年代半ばには385箱の中身を棚に並べた。残りの115箱を開けたのは60年代の後半であった。

プランゲ文庫の整理

次に資料の整理が難事業であった。村上寿世さんの「プランゲ文庫の現状報告」（1994・10・25記，『メディア史研究』1995年2月）によると，日系二世や日本人のスタッフ，日本の留学生，日本語がわかる中国・台湾・韓国などの留学生たちの協力で次のように整理が行われた。

《新聞》　1974年から約10年をかけて80％の新聞の索引カード1万8000枚を作り，新聞本体は紙名ごとに中性紙の封筒に入れた。残り20％は1990年から整理を開始しており，その主なものは青年団・労働組合・中国系や朝鮮系の新聞と日本共産党細胞紙ほかである。なお新聞は粗悪な紙を使用しているため自壊が激しく，このため国際交流基金CGPから基金援助を受けてマイクロ・フィルム化の作業を進めている。

《雑誌》　1970年頃から整理を始め，約1万3000枚の索引カードを作った。また長年放置されていた，問題になった事後検閲雑誌や事前検閲雑誌のゲラ刷り，検閲支隊内部の作業シート，メモ，報告書，通達書，また発行者が雑誌を納入した際に添付した発行届出書，このほか出版社が出した“詫び状”などの整理も進行中である。1992年4月からメリーランド大学と日本の国立国会図書館が共同で雑誌のマイクロ化を進めている。

《本》　1963年から69年までの間に1万2000冊，その後に2000冊，計1万4000冊のカタログを作った。1986年からは4年がかりで小，中，高校の学校教育関係の図書1万冊を未整理本の中から探し，これらの本の書誌情報をとった。この情報は日本の国立教育研究所のデーターベースに，また，このうち500冊はOCLC・オンライン・システムに入れた。1994年夏からは40年間手つかずであった約4万冊の未整理本の在庫リストの作成を開始している。

《その他の資料》 報道写真などは，新聞に載せるためのキャプションが付いているので写真の内容が分る。パンフレット類は多種多様で『兎の飼い方』から『下山事件の真相』まである。これらは未整理のままであるが，まずリストの作成から始める予定になっている。（1995年10月現在）

プランゲ文庫の重要性

1993（平成5）年4月20日の『朝日新聞』夕刊にメリーランド州立大学図書館長のジョアン・ハラー博士がプランゲ文庫の重要な点についてこう語っている。

> 占領下の検閲期間中に発行された出版物をこれほど集めたものは，日本にもないこと。学術や科学などの一分野に限定されず，すべての印刷物を網羅しており，日本の戦後社会を反映していること。さらに，検閲の内容が当時のアメリカの価値観や，検閲体制を生んだ当時の国際状況を知る資料ともなることです。

プランゲ博士が亡くなったのは1980年5月15日，癌であった。享年69歳。メリーランド大学では，博士が亡くなる2年前の1978年5月12日の大学評議員・理事会で，その功績を称えるため，この「占領軍資料」を“The Gordon W. Prange Collection : The Allied Ocupation of Japan, 1945–1952”と命名することを決めた。その後ジャスティン・ウイリアムス博士（プランゲ博士の友人で，GHQ民政局国会・政党課長）の文書，またチャールス・ケイディス大佐（GHQ民政局次長で，新憲法の草案作成に深く関わった）の文書が加わったので現在では“Gordon W. Prange Collection & Archive”というのがプランゲ文庫の正式な名前である。

なお日本出版クラブ（東京都新宿区袋町６）では，事務局長の大橋祥宏氏が詩人・堀場清子さんの指摘（朝日新聞のコラム）を読み，1988年からプランゲ文庫の勉強会を始め，古川純氏（専修大学）の指導で講演会を開催，また連続セミナー，研究会を重ね，会報でもとりあげてプランゲ文庫の情報を広く伝える努力をつづけている（なお1995年の７月24日，前記の村上寿世さんを迎え，同文庫の現状を聞くとともに，持参の資料を中心に懇談した。）。

さらに深めたいGHQ検閲の研究

アメリカ占領軍による言論統制についての研究書や論文・資料集等の数は，まだ多いとはいえない。1969年４月刊行の松浦総三『占領下の言論弾圧』（前掲）につづき門奈直樹『沖縄言論統制史』（現代ジャーナリズム出版会），論文として福島鋳郎「占領初期における新聞検閲」（思想の科学研究会編『共同研究　日本占領軍の光と影』上巻所収，徳間書店），資料集である日高六郎編『戦後資料　マスコミ』（日本評論社）所収の検閲資料，塩田庄兵衛・長谷川正安・藤原彰『戦後史資料集』（新日本出版社），松浦総三「占領下の言論抑圧，二十七年目の証言――メリーランド大学にあるGHQ検閲の墓場から」（『総合ジャーナリズム研究』1972年７月），江藤淳の論文「死者との絆――占領軍の検閲と『戦艦大和ノ最期』」（『新潮』1980年３月号），単行本としては，アメリカ国立公文書館の資料とプランゲ文庫資料などで調査・研究した江藤淳『閉された言語空間――占領軍の検閲と戦後日本』（文藝春秋），論文として有山輝雄「占領直後の米国の言論対策」（『成城文芸』1992年７月），山本武利「占領期メディア分析」（『調査情報』1992年８月号～93年５月号），同「占領期GHQの出版物没収と図書館」（『メディア史研究』1994年３月），外垣豊重「出版史のなかの発禁図書――米軍接収発禁本の返還に際して」（『出版クラブだより』142号），同「米国側接収発禁図書の返還とその経緯について」(『国立国会図書館月報』187号)，単行本として松本剛『略奪した文化——戦争と図書』(岩波書店)，福岡の民間検閲局で約60日間，郵便物などの検閲作業をした報告も収めた甲斐弦『GHQ 検閲官』(葦書房有限会社)などが出版されている。

これらの研究者たちが力をつくした基礎工事の上に，戦後日本の体質を作る上で強い作用を及ぼしたアメリカ占領軍，そして，この当時の日本人の姿というものを的確に歴史にとどめる研究をいっそう深めていく必要があるのではないだろうか。プランゲ文庫，そしてGHQ が集め，分析・報告した様々な資料で，アメリカの国立公文書館本館が所蔵しているもの（このうち日本の国立国会図書館がマイクロ化して所蔵している GHQ 資料)，また合衆国議会図書館，マッカーサー記念館の資料，さらにアメリカ，日本の両国の関係者からの証言等々によって第 2 期工事を進めていくことが望まれる。そして特に若い研究者が，こうした地味な分野にも多く出てきてほしいものである。　　　(1995年10月記)

Ⅳ　原爆フィルムはこう保持された

――戦時・占領下ジャーナリストたちの真実

1

岩本少尉が見た原爆の地獄図

1945（昭和20）年8月5日の夜，中国第139部隊（広島師団管区輜重隊）の岩本寛光（ひろてる）主計少尉は，空襲を受けた郷里山口県の徳山市へ向かうため夜行列車に乗りこみ，広島市をあとにした。（以下，文中の敬称を略します）

岩本は，中央大学法学部を繰り上げ卒業とともに，朝日新聞社に入社（1942〈昭和17〉年1月），東京在勤となり，出版局で働き始めたが，わずか1ヵ月で陸軍に現役入隊した。そして軍隊生活もすでに3年余となっていた。

小学校5年生のとき，父（陸軍少佐）を失った1人っ子の岩本にとって，徳山の母の安否が気がかりだったが，幸い母は親戚の家に身を寄せ無事だった。生家は全焼していた。

8月6日，母たちと朝食をとっていると，ドーンというすさまじい音がした。岩国の燃料廠で爆発事故でもあったのか，と岩本たちは話しあっていた。

しかし，その時刻，午前8時15分，広島市の上空約600メートルでウラニウム235原子爆弾が炸裂していたのである。一瞬のうちに，7万戸，30万市民が被災し，死者10数万人といわれる人類初の原爆による大惨事が起こっていたのだった（筆者注＝当時，原爆を日本人は知らなかった）。

岩本が，このことを知ったのは同日正午過ぎであった。直ちに徳山の憲兵分隊のトラックで岩国まで行き，第1次救援列車で広島へ向かった。

途中，焼けただれ，血糊がべったりとついた被災者たちが，あとからあとから西の方へ歩いていく。男も女も着物は破れ，裸同然である。想像以上のこの光景に，岩本は広島の災害のひどさを思いつづけた。

太田川沿いの第139部隊に戻ったのは夕方近くであった。兵舎はすべて吹き飛ばされており，1000人近い負傷した兵士や市民たちが地面に横たわっていた。その中で，息をひきとった者は，翌日から，次ぎ次ぎと運び出され，太田川の川原で荼毘に付された。

連隊長をはじめ上級将校は，ほとんど死んでおり，残ったのは連隊副官と第３中隊長など，わずかであった。第３中隊付の中村武夫は岩本の中学校の先輩であり，中村は，岩本に被爆したときの状況をこう語った。「当日は週番士官で，２階の部屋に入ったが，目に強い火のような光を感じ，無茶しやがったな，と思った瞬間，戸外に飛ばされた。気がついてみると連隊本部前の池の土手に叩きつけられていた。建物から北へ約200メートルほどの所に，だ。爆風のすさまじさがわかるだろう」。そして中村は３日後に逝った。

爆心地から約１キロメートルの所に広島城があり，その中に軍司令部が置かれていた。第59軍司令官兼中国軍管区司令官の藤井洋治陸軍中将をはじめ軍の首脳のほとんどは，広島城の壊滅によって死んだ。ただ参謀長の松村秀逸少将は，傷だらけながら，司令部に連絡に行った岩本の顔をみると，大きな声で話しかけた。松村は陸軍報道部長などを務めた戦時下日本の“スター的な軍人”の１人として“聖戦完遂”を呼号した。そして彼は戦後へと生き延びた。

福屋百貨店で宮武甫と会う

岩本は，大地に雨ざらしになっている負傷した兵士や，市民たちを収容するために，幕舎を作る作業を行った。岩本と同様に，８月６日に広島にいなかった兵士たち50数名だけで比治山の船舶部隊から資材をゆずり受け，早急に収容するこの仕事はきつかった。そして毎日，半数ずつ負傷者が死んでいくのを見ながら，岩本は爆弾を落としたアメリカを憎む気持が次第に強くなっていった。

岩本たちのもう一つの仕事は，隊員たちの生存と死亡とを確認することであった。手わけをして市内各所の救護所などを尋ね歩き，収容されている隊員たちを捜し始めた。鉄筋コンクリートのため内部は焼けたが，建物の外側は残り，救護所となっていた福屋百貨店へ行ったときのことである。負傷者の中から「教官殿ッ」と呼ぶ声がした。見ると部下の杉岡隆志伍長であった。彼は部隊の金庫のカギを岩本に渡した。火の中を逃げながらも守りつづけたカギであった（何日か経って，岩本は杉岡伍長の死を知らされた）。岩本は，このカギを今も大切に持っている。

なお，この日，岩本は中部軍の報道班員と名乗る人に福屋百貨店で会った。「わたくしは，赤十字を通じて世界の人びとに広島のこの惨状を訴えたい。市内の他の救護所なども案内してほしい」と頼まれた。岩本は3時間余，一緒に歩きまわった。そのうち彼が朝日新聞大阪本社の写真部のカメラマン宮武甫であることがわかった。岩本は「わたくしも昭和17年に入社した朝日の記者のタマゴです」と答えた。しかし，岩本は，その後，この宮武甫の氏名をすっかり忘れてしまった。

市内の路上のトラックなども臨時の救護所になっていたが，負傷者の手当てといっても赤チンキや軟膏，食用油をぬるだけであった。そして発狂状態に近い者や自殺する者もあった。

太田川の臨時救護所などでは，入水するときの水音が何度もした。

放射能を浴びた豚のスープを飲む

広島警備担任司令官　船舶司令官の佐伯文郎中将の告示（被爆翌日の8月7日付）が市内数ヵ所に掲示されていた。

　　廣島市民ニ告ク

　米機ハ遂ニ人道上許スヘカ

ラサル特殊爆彈ヲ以テ我カ廣
島ヲ侵セリ痛憤眞ニ極リナシ
余ハ廣島警備担任司令官ヲ
命セラレ死力ヲ竭シ戰災復旧ヲ
完遂セントス親愛ナル廣島市民ヨ
余ト一体トナリ断乎米鬼撃滅ノ闘
魂ヲ振起シ戰災復旧ヘノ協力ニ
邁進セラレンコトヲ望ム

この告示からもわかるように軍当局は，生き残った広島市民，他所から市内に入ってくる人たち，さらに日本国民全体が新型爆弾によるこの惨状を知って戦意を失うことを極度に恐れた。このため市内と，その周辺の死体などを速くかたづけ，市の復興を急いで“聖戦を完遂”することを呼びかけたのであった。

だが，食料，医薬品，その他復興のための諸資材の入手は思うようにはいかなかった。

このため岩本たちは，部隊で飼っていた被爆した豚と，わずかの米を大鍋に入れて煮ただけのスープを作って兵たちに飲ませ，飢えをしのいでいた。放射能のことを知っていたら，こういう危険なことはしなかっただろうが，誰もその恐ろしさについては知らなかったのである。

連日の過労と，“豚スープ”を飲んだためか岩本は，わずか500メートルしかない軍司令部に通うのに，50メートルごとに休んでは歩く，といったほど身体が弱ってしまった。たまたま手助けにきていた海軍の軍医から「新鮮な野菜などを食べて静養しなければ死ぬゾ」と言われた。このため馬木にある傷病兵の臨時収容所の管理者を命ぜられ，8月13日広島を離れた。

2日後の8月15日，終戦の放送はこの馬木で聞いた。その夜，家々から電燈の光が戸外に流れ，岩本は戦争が終わったことを改めて実感した。

9月15日，日本の陸軍は解体した。だが岩本は海田町に設置された中国復員監部に終戦業務要員として再召集され，12月末まで将兵の復員のための仕事をさせられたのである。

2

異様な臭気と群がるハエと……

1945（昭和20）年8月9日午前11時2分，プルトニウム239爆弾が，長崎市浦上の上空で炸裂した。一瞬のうちに6万人以上が爆風，熱線，放射線などによって死亡したといわれ，市は消滅した。

16日後の8月25日，朝日新聞社出版局の半沢朔一郎（『科学朝日』編集部）と，カメラマンの松本栄一は長崎市に入った。科学記者の半沢は，理化学研究所の仁科芳雄（原子核・宇宙線素粒子論の分野で日本の物理学の発展に指導的な役割を果たす。1937〜44年，日本初のサイクロトロンを建設。文化勲章受章）の研究室に出入りしていたので，8月6日の広島と9日の長崎に落とされた爆弾が，原子爆弾らしいことを仁科から聞かされていた。また社会部の記者も8月6日の翌日，仁科から取材した。このため朝日新聞社内では，日本政府や軍部が“新型爆弾”（大本営発表）などと，国民に対して真相を秘密にしていたにもかかわらず誰もが原爆について，おおよそのことを知っていた。

半沢と松本を長崎と広島へ特派するにあたり，出版総局長の鈴木文四郎（ペンネーム文史朗）と写真課長の丸山四郎は社の首脳部に対し「2人が原爆症などで，もしものことがあったら朝日新聞社で面倒をみてくれるか」と強く申し出，「社が責任をもって2人のことは引き受ける」との確約を得た（「このことは，後になって丸山さんの定年退職のとき，氏から知らされた」と，松本は語っている）。

半沢と松本が，浦上を中心とした被爆地帯に入ったのは日没にまだ間のある時間だった。眼前の焼け野原は，所々にポツリポツリと鉄骨の残骸が見えるだけ，さらに原爆投下後2週間以上にもなるのに人の歩いている姿がまったく見あたらない。2人は不気味さを感じるとともに「これが，たった１発で……」と，原爆のすごさにショックを受けた。とくに松本は，東京空襲をはじめ何百，何千，何万発の爆弾や焼夷弾が落とされた被災地を数多く見てきただけに，１発で，それら以上の破壊力を示した原爆への恐怖は大きかった。

旅館「諏訪荘」(焼け出された朝日長崎支局の人たちがいた）へ向かって歩いていく途中，２人は異様な臭気と，追えども追えどもたかってくる，おびただしい数のハエに悩まされつづけた。それは死体や，半ば白骨化した人体がまだ無数に放置されていることを物語るものであった。

吹っ飛んだ天主堂の天使の首

８月26日から半沢と松本は取材と撮影を開始した。半沢は立木の倒れ方，熱線による影のつき方，建物の倒壊の状態などをくわしく調べ，中心部に迫っていく方法で爆心地を決めた（「後に爆心地とされた所と一致した」と松本は今でも半沢に敬意を表している)。半沢は白地図の上に爆心地を定め，それを中心にして１キロ，２キロ，３キロ……と円を描き，それぞれの円内での建物の焼け方，壊われ方，その他被害の状況を調査し，撮影していくという方法を松本に提案した。

ところで長崎は敗戦まで軍の要塞地帯になっていたので，くわしい地図類は市販されていなかったが，半沢は特高（特別高等警察）から白地図を入手してきていた（特高は「もう戦争も終わったことだし……」と渡してくれた)。

浦上天主堂のドームの天頂の屋根はころげ落ち，また堂の正面の坂には，天使の像の首が落ちていた。職員と受刑者100余人が一瞬のうちに命を失ったといわれる長崎刑務所の，くずれた白壁に強く反射している夏の陽。たくさんの児童が死んだ山里国民学校。鉄かぶとや骨片が散らばっている長崎県立工業学校。３階から上の一部がゲンコツで叩きつぶされたようにくずれている鎮西学院。３階から１階まで建物の角の所が，ふみつぶされたオモチャの家のようになっている城山国民学校。「ジャイアンツだ！」と半沢は，はき出すように言った。「お伽話の中の，巨人が歩きまわったあとみたいだ」。

三菱兵器大橋工場のあとかたづけをしていた元気な男の人から取材し，3日ほどして再び訪ねてみると「あの人は昨夜亡くなりました」と言われた。歯茎から出血があり，それが止まらず，高熱を出して明け方亡くなった，という。重い鉄骨などを持ち上げて作業をしていたのに……と，半沢と松本は，信じられない思いであった。あとで知ったわけだが，これは放射能にやられた原爆症の症状だった。

新興善国民学校が救護所になっていた。いくつかの教室を診療室にして，応援に来た熊本大学の医師たちが傷の手当てをしていた。また床にゴザを敷き，うすい布団をならべて寝ている重態の患者たちでいっぱいの教室もあった。ほとんどが重度の火傷らしく，焼けただれた皮膚をむき出し，看護の家族の人たちも多くが傷ついていた。暑さと，群がる無数のハエ。そして診療室の前は遺体の安置所になっており，「放射能らしい」と予感した専門家たちが，ここで解剖もやっている様子だった。

火葬場が全滅したので，遺体は家族が始末をしなければならなかった。日没頃になると，町の中のあちこちで，燃え残りの木片を集めて遺体を焼く火が目についた。ある日，松本は思いきって，それらしい火のひとつに近づいた。3人の若者が親の遺体を焼いているところだった。オランダ墓地の下の辺りの所であった。松本は丁重にたのみこみ，涙のあふれる眼をファインダーにつけて，何枚かシャッターを切った。原爆に対して次第に憤りが高まってきた松本は，原爆を落としていった国の人びとに，この様子を写真にして見せてやりたい，と強く思った。

爆心地から4キロもある大浦の要塞司令部では，防空監視哨の建物の羽目板に，くっきりと残っている人や梯子の影を見た（原爆の閃光でコールタール塗りの羽目板は変色したが，人や梯子の影になっていた部分は，元のまま黒く残ったのである）。

復旧活動が速かった広島市

半沢と松本の長崎での取材期間は，当初の予定よりも延びた。それは広範囲の地点を徒歩だけで調査したこと，仕事の合間に食糧（ジャガイモかカボチャが主）を探さねばならず，かなりの時間をとられたことが原因だった。

9月15日，長崎を出発し，途中，佐賀の支局に立ち寄り，西部本社経由で東京本社宛に原稿を，また2Bのフィルムも未現像のままの1本を西部本社の写真部宛に送った。

“枕崎台風”があったため汽車は不通箇所が多く，山口県の下松から20〜30人ほどの乗合のポンポン船で尾道に入り，さらに別の船で宇品に向かい，9月18日，ようやく広島に着いた。すべて焼け野原。夏の陽をうけた煙突がただ1本突っ立っていた。長崎と同様，ここでも1発の原爆の威力というものを半沢と松本は知らされた。

再び市内を歩きまわる日が始まった。長崎と違っていたのは，遺体や遺骨が殆ど見られなかったことであった。呉の暁部隊などが市の復旧活動をつづけていたのと，“枕崎台風”による豪雨で洗い流されたためだったようだ。

名園の縮景園で，業火に追われて避難した多くの人が命を失ったが，埋骨された場所の上には，戦災者の数を記した立て札があった。本町通りの下村時計店の建物は，1階がつぶされ，2階から上の部分がその上に落ちていた。また長崎の防空監視哨の建物の羽目板に，人と梯子の影が残っていたのと同様に，住友銀行玄関の昇降石段にも，腰をおろしていた人の影があった。

爆心の真下だった本川国民学校西校舎の東側と，西側の壁面と，窓枠の状態は爆圧のすさまじさを示していた。

GHQに没収された原爆写真

9月25日，2人は広島を出発し，帰京した。

松本が撮影したフィルムは長崎が40本，広島30本ほどであった。

松本は現像その他仕上げの処理をした。１種類３枚ずつの紙ヤキにしたものと，「掲載許可願」をGHQ（連合国軍最高司令官総司令部）に提出した。しかし，すべて「不許可」，紙ヤキは没収されてしまった。さらに「ネガを出せ」という命令だった。松本はこれを拒否したところ「お前たちが責任を持って処分しろ」ということになった。

その頃，日比谷公園の広場では東京の各新聞社が，戦中の軍関係の写真を燃やしていた。そこで松本は「一緒に焼き捨てた」とGHQには言うことにし，社の自分のロッカーに隠しておいた。しかし，これは当時の状況下では容易なことではなかったのである。

……原爆の秘密を独占し，対ソ優位を確保しようとしたアメリカは，原爆に関しては，本国でも秘密主義をとっていた。まして日本において被害の実相を明らかにすることは，占領軍への不信と怨みを招くし，国際法規（セント・ペテルブルグ宣言，ハーグ陸戦法規慣例に関する規則等）に違反する残虐兵器使用の犯罪性を明らかにすることでもあった。

原爆報道統制は厳重をきわめた。日映のフィルムは没収された。W・バーチェットが45年９月３日，広島を取材，打電したのをきっかけに，広島，長崎は外人記者に対しても，オフ・リミッツ（立ち入り禁止）区域とされた。東大の都築正男博士は，「被害者の傷害は半年後には全快する」と発表するよう占領軍に強要されたが，拒否したため，翌46年，東大を追われた。（『目で見る出版ジャーナリズム小史』日本ジャーナリスト会議・出版支部編，高文研刊）

といった被占領下の日本であった。GHQの命令に違反すれば“デスバイ　ハンギング（絞首刑）”か，“オキナワで重労働”であった。

松本は，しかし，1952（昭和27）年まで７年間，長崎と広島の写真のネガを密かに保管しつづけたのであった。

3

伊沢編集長が決断した原爆特集号

日本陸軍解体後も岩本寛光主計少尉は，海田町に設置された中国復員監部に“充員召集”され，12月末まで復員作業に従事させられた。

1946（昭和21）年２月，朝日新聞大阪本社に復社した岩本は，東京本社の出版局出版雑誌編集室勤務となり，『アサヒ　グラフ』の編集部員として働くことになった。

「相模原の旧陸軍病院の取材に，一緒に行ったのが初めてだったように思う」と岩本は回想しているが，出版局写真課の松本栄一と仕事をする機会が多かったにもかかわらず，しばらくは広島で体験した自分の話を松本にしたことは無かった。松本も同じだった。とくに松本はGHQに「焼却した」として，長崎と広島の被災状況を撮影した写真のネガを会社の個人用ロッカーに隠していたわけだから，なおさらであった。

岩本が，松本から，そのようなネガのあることを聞かされのは「今では記憶がはっきりしない」（岩本）が，ネガがあることを知った岩本は松本のネガをもとに原爆の被害の状況を世界に知らせたいと強く思った。

もちろん占領下では不可能なことであったが，この頃，ようやく占領体制も終わりに近づいていた。岩本は発表の時期や方法，GHQがどういう出方をするか等々について調べ始めた。写真のネガがあること，原爆写真の発表などのことは極秘にして，中央大学の先輩で国際法専攻の田村幸策や，外務省の魚本藤吉郎，その他多くの専門家や研究者を訪ね歩いた。「仕事の合間にやったので３～４年はかかったように思う」と岩本は回顧している。

1952（昭和27）年４月28日，平和・安保両条約が発効し，これとともに「GHQの廃止」も発表された。敗戦後７年，日本は「独立」した。

７月初め，『アサヒ　グラフ』の編集会議が開かれていた。部員たちは，占領下ではできなかったプランについても話し合っていた。やがて広島と長崎に落とされた原爆の被害状況についての特集号を出してみては，ということになった。だが，グラフ誌としてのこの企画は，写真が無ければ実現できない。原爆関係の写真は，すべてGHQに没収されており，その入手はムリ，と部員たちは思った。そのとき，岩本が発言した。

「松本カメラマンが，写真のネガを持っている」

“原爆写真の初公開！”——新聞，ラジオ，出版ジャーナリズムの先頭を走る，という編集者としての興奮とともに，部員たちには不安もあった。それは，日本が「独立」し，GHQが「廃止」されたといっても，戦勝国アメリカの支配が実質的につづいている中で，原爆をとりあげることについての危惧であった。超法規的にふるまってきたアメリカ占領軍の力への恐れは，まだ払拭されてはいなかった。人知れず“消されていく”ということも単なる噂とはいえなかった。

「この企画は実行しましょう」

と，編集長の伊沢紀（ただす）が言った。伊沢は1932（昭和７）年，『劇作』に「藤原閣下の燕尾服」を発表，その後テアトル・コメディの文芸部員に加わった劇作家の飯沢匡である。1933（昭和８）年，朝日新聞社に入社，戦後は『婦人朝日』の編集長も務めた。

伊沢の決断によって，部員たちは写真その他の資料集めを開始した。当時の編集部は，伊沢の下に次のような人びとがいた。

副編集長一条尚，杉田礼三・間宮達男・那谷敏郎・小金沢克誠・若林熙・藤野順・佐藤信・野村嘉彦・藤井重夫・岩本寛光

なお一条尚は，決断した伊沢編集長のことを次のように記している。

> いいようのない深い重苦しい沈黙を破るように，伊沢氏がテーブルをはなれて，コツコツと靴音をたてながら，静かに室内を歩きはじめた。拳をにぎった右手で，左の掌をピシャリピシャリとたたきつけた。もの思うときの伊沢氏の癖である。
>
> ——頻ニ無辜ヲ殺傷シ……

終戦に関する勅語の一節をつぶやいて，壁ぎわでクルリと向きをかえた伊沢氏は，「やりましょう！　八月六日号の全頁をあげて，このむごたらしさを余すところなく，世界の人びとに見せてやりましょう」

編集会議は，伊沢氏の一言でついに決した。(『朝日新聞出版局史』昭和44年８月25日刊)

300枚近くの写真を集める

松本のネガから紙ヤキがされた。これに加えて広島関係では，朝日新聞大阪本社写真部の宮武甫，長崎関係では朝日新聞西部本社写真部の富重安雄が撮影したものを編集部に送ってもらった。「赤十字を通じて，原爆の姿を写真で世界に伝える」と言ったカメラマンと広島の福屋百貨店で会い，市内の救護所を案内した岩本は，宮武甫のことをすっかり忘れていたが，送られて来た宮武の写真を見ているうちに，広島でのことが鮮明に浮かんできた。

編集部では300枚近くの原爆写真を集めたが，当時の薄い『アサヒ　グラフ』では掲載枚数に限度があり，このため松本，宮武，富重のほか，尾糠政美（陸軍船舶司令部写真班），山端庸介（西部軍報道班員）の写真を使用することにした。

“原爆被害の初公開”と表紙（広島の平和大橋を背景にした女性の写真）に刷り込んだ『アサヒ　グラフ』1952（昭和27）年８月６日号が発行された。定価は40円であった。

第１頁は“頻ニ無辜ヲ殺傷シ……”と黒地に白抜きのタイトル。そして３枚の原爆による火傷の写真と文章――「(略）……ここに，広島，長崎両市の写真を特集するのは単なる猟奇趣味の為ではない。――編集者の趣味や性向を，はるかに越えた冷厳な事実――即ち歴史が，それを命ずるのである。再軍備論の是非は，しばらく措くとしても，すくなくとも将来の戦争を口にするほどの人は，この特集に見る無残な姿と同じい——いや，それ以上のものが，やがて，我々自身の上にも生起せぬとも限らぬ，その心構えだけは，忘れて貰いたくないのである」。

2～6頁までは広島，7～9頁は長崎の「被爆写真」，10～11頁は「原爆裏面史」（佐久井智朗），12～13頁は「分裂する原子核」の解説（東大助教授・中村誠太郎），14～15頁は「原爆素材ウラニウム工場」（『ニューヨークタイムズ』提供），16～17頁は「戦前版防空演習」，18～19頁は「原子爆弾をテーマにしたマン画」の頁，20～21頁は「“ヒロシマ”のモデル告知板」（米軍の従軍記者で，1945年度ピュリッツア賞を受賞したジョン・ハーシーの「ヒロシマ」を『ニューヨーカー』誌が，46年8月，全頁特集し，全世界に大反響を巻き起こした。この作品でとりあげられた6人の広島の被爆者を訪ね，再軍備論が起こっている日本の現状について意見を聞くとともに，その消息を写真入りで伝えた記事），22～23頁は「被爆の広島を描く」（広島在住の6人の少年少女が，原爆で亡くなった父母，兄弟姉妹，友人，先生，その他の人びとを思い出して描いたもの），最終頁の下段は「原爆日誌」，上段は「①貴方の戦争防止策は？　②不幸にして戦争になったら」のアンケートである。

なお営業関係の社員たちの中には「こういうグロテスクでむごたらしい写真が載っていては売れない」と，平常号よりも部数を多く発行しようとする編集部の意見に反対する者もあった。

バンザイを三唱した扇谷正造

『アサヒ　グラフ』の平常号は7万部内外発行していたが，原爆特集号は3回増刷して総計70万部の売行きとなった。第1刷りの表紙は色刷りだったが，制作期間を短くして，早く読者にとどけるため第2刷り以後の表紙は単色刷りにした。

ラジオ，新聞，雑誌の多くが，大きくスペースを割いて紹介，さらにAP通信社をはじめ海外の主なマスコミが，初公開された原爆被害の実態について報道した。また日本ペンクラブによる「全世界に『アサヒグラフ』を送れ」運動が起こり，英文解説を添えた多くの『アサヒ グラフ』が諸外国に送られた。ジョン・ハーシーは，彼の著書『ヒロシマ』の訳書を刊行した法政大学出版局の相島敏夫局長にあてて，「被爆者の戦慄すべき写真を見て，何をおいても平和への努力が大切だということを，改めて知らされました」と書き送ってきた，と一条尚は伝えている(前出『朝日新聞出版局史』)。

なお『アサヒ グラフ』の昭和30年8月11日号は「我々は広島に原爆を投下した」を特集した。浜名二正編集長のときであった。AP通信社に取材を依頼し，APは，その通信網を総動員し，飛行機まで飛ばして当時の搭乗員を捜し出し，その談話を取材した。

ところで1949（昭和24）年，重要部分を削除し，単行本として刊行の大田洋子『屍の町』，同年出版許可の永井隆『長崎の鐘』，このほか，原民喜，栗原貞子，峠三吉，正田篠枝，深川宗俊たちが占領軍の言論弾圧下で，原爆の惨禍を“文字”によって伝えようと努力してきた。

そして『アサヒ グラフ』の編集者たちは，“写真”によって広島，長崎の姿と，原爆の非人道性とを全世界の人びとに鮮烈に伝えたのであった。

ある日，『週刊朝日』の編集長・扇谷正造が，部員をひき連れて，『アサヒ グラフ』の編集部の所にやってきた。そして扇谷は，2列に並ばせた部員たちとともに，『アサヒ グラフ』の快挙に対して“バンザイ……バンザイ……バンザイッ……”と三唱した。

「原爆特集」の第2号を出すため，部員たちは再び写真，その他の資料集めにかかったが，第1号でほとんど集めつくしたためか，これといったものは入手できず，第2号の発行は断念した。

原爆カメラマンたち

『アサヒ グラフ』に続いて岩波書店から写真文庫『広島』が刊行された。原爆の写真を撮った人びとについて林重男は「原爆カメラマン」

という題で次のように記している（「反核・写真運動」編『母と子でみる 原爆を撮った男たち』草の根出版会，1987年8月6日刊）。

戦い利あらず。戦意もうすれ，夜を日についでの爆撃に日本の主だった都市はほとんど灰塵に帰した時，だれもがなかば自棄気味で，空腹に目もうつろ，希望喪失の集団と言うのが適当だった。

その時，遠くマリアナの発進基地には，世にも残酷な爆弾を腹に抱えた巨鵬が2000馬力のエンジンの轟音に身をふるわせて，数千メートルの滑走路から大空に舞上がった。数時間後「エノラ・ゲイ」（B29の1機）は1945年8月6日朝8時すぎ，広島の上空に達した。午前8時15分……世界で初めて一般市民の頭上に炸裂した原爆，直後の地獄絵図は日本人ならだれでも，未来永劫忘れることができないだろう。その数刻後からわれわれの仲間は現世の地獄を記録する運命をたどる。その記録者は広島在住の松島美人氏ほかの人たち。西部軍報道班員として，2発目の長崎原爆災害を冷厳に記録した山端庸介氏と長崎在住の記録者。それに新聞，出版報道，調査班として災害地に入ったものに大別される。ここで原爆災害の写真撮影を相原秀次氏の記録に基づいて順を追ってみる。

〈広島〉 爆発後，約2分後から始まる。記録によれば，山田精三（学徒として中国新聞に勤務していて最初にキノコ雲を記録），松重三男（X線技師），木村権一（陸軍船舶写真班，故人），深田敏夫（学徒隊員），尾木政己（海軍工廠火工部），鴉田藤太郎（療養所事務，故人），松重美人（中国新聞写真部・広島師団司令部報道班員），岸田貢宜（広島師団司令部報道班員），尾糠政美（陸軍船舶司令部写真班），川原四儀（陸軍船舶司令部写真班，故人），松島清司（陸軍船舶衛生兵），川本俊雄（広島県警，故人），宮武甫（大阪朝日新聞写真部，故人），中田佐都男（同盟通信写真部），松本栄一（朝日新聞出版写真部），菊池俊吉（文化社写真部，原爆災害特別調査班），林重男（文化社写真部，原爆災害特別調査班），田子恒男（文化社写真部），三木茂（日本映画社，故人），山中真男（日本映画社，故人），佐々木雄一郎（日本写真公社，故人），林寿磨（山岳写真家，故人），黒石勝（日本赤十字放射線部），原田東眠（原田病院長），岸本吉太（中国配電），空博行（広島気象台，故人），北勲（広島気象台），三井再男（海軍呉鎮火工），大橋完造（開業医），中川正彦（大阪朝日新聞写真部），松尾英世（大阪朝日新聞写真部），渡辺武男（東京大学理学部），松島潔司（陸軍船舶衛生兵），山崎増一（海軍救援隊），佐渡次郎（東京大学医学部），斎藤誠二（日本赤十字，故人）

〈長崎〉　塩月正雄（海軍医，故人），松田弘道（川南造船所，故人），山端庸介（西部軍報道班員，故人），小川虎彦（長崎県警，故人），松本栄一（朝日新聞出版写真部），富重安雄（朝日新聞西部本社写真部），林重男（文化社写真部，原爆災害特別調査班），今野敬一，相原秀次，小幡長蔵，俣野公男，豊原慶人（以上，日本映画社），森末太郎（長崎造船所），梅村魁（東京大学），生井浩（九州大学医学部），渡辺武男（東京大学理学部），池松経興（市役所），石川数男（九州大学医学部，故人），栗田玄忠（日本映画社九州，故人）

以上記載した方のうち放射線の障害の定かでない時期に，記録の重要性を意識して，危険を顧みず行動した記録者を忘れてはならない。記録した方がたは関係官庁，報道，学術調査，医学，映画，建築，植物，造船関係など広い範囲におよんでいる。とくに戦時下の極限で，また戦後の占領下のきびしい状況を踏み越えて今日まで記録の保存に努力し，世界の平和に寄与した功績は，はかり知れないものがあるのではなかろうか。

なお，『ヒロシマ ナガサキ原爆写真・絵画集成』（全6巻，編集＝家永三郎・小田切秀雄・黒古一夫，A 4判，揃定価5万9740円）が日本図書センターから発行されている。写真集が4巻，絵画集が2巻である。

4

写真では撮れない放射能の恐ろしさ

1952（昭和27）年，原爆写真を初公開した『アサヒ グラフ』（8月6日号）が刊行されてから今年（1994〈平成6〉年）で42年が経過した。この間，わたくしたちは，アメリカ，旧ソ連をはじめとする大国の核の実験と保有競争，また原子力発電，それにともなう被災（第5福竜丸，チェルノブイリなど）と，放射能の恐ろしさとを数多く知らされてきた。そして現在，北朝鮮の核査察の問題にも象徴されるように核保有国と，核を求める国々との矛盾も鋭くなってきている。しかし，それと同時に，“ヒロシマ”と“ナガサキ”を原点とする反核の運動のうねりが世界的に，より大きくなってきていることも，見落とすことのできない事実であろう。

“重労働”や“人知れず消される”ような危険な戦時下と占領下の状況の中にもかかわらず，文章や写真，その他の方法によってわたくしたちに原爆の姿を知らせてくれた人びとは，戦後49年という歳月の過ぎ去る中で，原爆症，その他の病気などで数多くの人が亡くなった。

『アサヒ グラフ』原爆特集号に写真を提供した5人のカメラマンの中でも3人（宮武甫，尾糠政美，山端庸介）が故人となった。

扇谷から祝意を表された『アサヒ グラフ』の伊沢紀（飯沢匡）編集長は84歳，副編集長一条尚や那谷敏郎・若林熙・岩本寛光は70歳を超えた。そして，杉田礼三・間宮達男・小金沢克誠・藤野順・佐藤信・野村嘉彦・藤井重夫の7人が亡くなった（当時，伊沢編集長を含めて部員は12名〈前記〉であった)。「一緒に長崎と広島に行った半沢朔一郎さんは，近頃ご病気がちだが……」と心配するカメラマンの松本栄一は78歳。1970（昭和45）年に朝日新聞社を定年退職後はフリーとして活動するとともに，ここ10数年，「反核・写真運動」のメンバーの1人として日本各地，また海外（アメリカ，旧ソ連）にも出かけて原爆写真の展示と講演を精力的につづけている。1993（平成５）年８月のある日，松本は筆者に，こう話してくれた。

原爆の恐ろしさは，写真では撮れないもの，目に見えないもの——つまり放射能にあることをつくづく思う。医学的にまだ十分解明されていない放射能の底知れぬ恐ろしさを感じる。わたくしは，このことをもっと訴えつづけていきたい。また，広島に最近行ったとき，タクシーの運転手の人が言っていたこと——「１年に１回のお祭り化した行事，そして，それぞれの考えがあるのだろうが，別々に行なわれる反核のための集会や原爆被災者の慰霊祭」——について深く考える必要があるのではないか。地味でも，静かでもいいから，１日１日，継続して訴えていくことの大切さを痛感している……。

被害調査を放棄している政府

岩本寛光も75歳になった。1973（昭和48）年８月，朝日新聞社出版局出版校閲部長・朝日校閲センターの役員から住宅新報社へ出向，出版局長・事業局長・論説主幹などを務め，1987（昭和62）年退社。現在は母校中央大学の講師として学生の指導にあたっている。岩本はこう語る。

いつ原爆症で倒れるか，という不安は，結婚，長男の無事出生で一応少なくなったが，この歳になってもまだ，出血しないか，この身体のだるさは……などと，恐れは去っていない。なお，わたくしがおかしいと思うのは，原爆被災者を収容し，治療するということで設置されたアメリカのABCC（ATOMIC BOMB CASUALTY COMMISSION LABORATORY　原子爆弾障害調査研究所）のことだ。ここでは病状の推移を記録するだけである。これは日本人をモルモット扱いにしているわけだ。また広島と長崎の被害の正確な実態調査というものを政府が放棄してしまっていることだ。わたくしが郷里山口県の県庁で調査したときも「書類がない，証拠がつかめない」等々というばかりで，被災者たちのことを真剣に調べ，記録に残そうとする誠意が全く見られなかった。広島と長崎は，まだ終わってはいない，と思う。

岩本は，広島での日々を回顧しながら，さらに，こう話をつづけた。

原爆投下後の広島に戻るまで，野戦経験がないわたくしには，本来の意味での敵愾心を感じることがなかった。しかし，荒涼とした“原子砂漠”の中で，毎日，同じ天幕に休む半数の兵や市民が死んでいく現実に直面し，次第に憤りの気持ちが盛り上がるのを抑えることができなかった。海軍の下士官から聞いた，1発で小島を引き裂いたという桜弾を，わたくしは滅茶苦茶にバラまいてやりたい気持ちでいっぱいになった。

8月15日，その夜から，灯火管制の闇がとけて，家々からの明るい光が家や田畑を柔らかく浮かび上がらせるのを見た。

これが「平和」というものか，敗戦で気落ちした半面，ホッとした。この気分だけは永久に失いたくなかった。

原爆投下時，在隊した仲間のうち，下士官2人を残して，全員が死んだ。9月15日の陸軍解体の日，わたくしは最寄りの寺に引き取り手のない遺骨を預けて，永代供養のお願いをした。

彼等と生死をともにするはずが，自分だけ生き延びたことへの，やるせない後ろめたさは，今日もまだ頭からはなれない。これは，わたくしの人生観にも大きく作用している。アメリカのABCCの非情さ，日本政府の原爆被害調査の放棄，さらに分裂したままの原水爆禁止運動のことなど，腹立たしさをおぼえる。

今，ふりかえって思うと，『アサヒ グラフ』に在籍し，原爆特集号を出し得たことや，また同僚の誰1人として，反対がなく，とくに職責以上のものをかけて，あえて刊行の英断を下された，当時の上司・伊沢紀編集長には最大の敬意を捧げざるをえない。

（1993年 9 月記）

V 『改造』は，なぜ廃刊になったのか
――「800万円買収計画」に抗した従組と文化人たち

1

「壁新聞事件」とGHQ

1955（昭和30）年は，私が『日本読書新聞』編集部から『圖書新聞』の編集部に移って6年目であった。この間，私は新聞の第1面の特集記事の企画と，出版・文化界のニュース取材の仕事を担当していたが，この年の1月初めから，伝統のある総合雑誌『改造』の発行元である改造社の労使紛争を追いつづけることになった。

東京・京橋から日本橋方面へ中央通りの右側舗道を歩いていくと，八重洲通りと交差する角に「ブリヂストン」の社屋がある。そのすぐ手前に戦災にあい，修復した細長い5階建ての貸しビルがあり，1階には通りに向かって「福泉」という酒樽の形の看板を出した店が入っていた。この看板の少し上に横書きの「改造社」の看板をだした同社は，2階から上の階に入居していたと思う（何階まで事務所として使っていたか，今でははっきり思い出せない）。

会社側，従業員組合側の双方の人たちから取材するために私は何回となく，うす暗い感じのするこのビルに足を運んだ。「新聞記者はアタマでなくアシで記事を書け」と新聞界に伝わっていた“教訓”が，いつも私の頭の中にあった（この年の2月13日で私は満31歳，多忙であっても足腰に疲れを感じることはほとんど無かった）。

さて改造社の紛争についての取材と報道は，私にとっては，この時が2度目であった。第1回目は，1948（昭和23）年の12月8日に起こった“12月事件”とか“壁新聞事件”などといわれた事件のときである。

Ⅲ章の「レッド・パージ旋風と出版界――戦後日本の体質を作ったアメリカ占領軍」の中でも記したように，GHQ（General Headquarters of the Supreme Commander for the Allied Powers　連合国軍最高司令官総司令部，または連合国軍総司令部と邦訳）の言論統制下にあった日本のマスコミは，GHQの動静やGHQが介入した事件等については一切報道できなかった（プレスコード，ラジオコードなど）。このためGHQが動いたとされる改造社のこの“12月事件”も当時は『朝日新聞』の全国版で，わずか10行ほどの記事で報道されただけであった（この記事を取材・報道した小原正雄記者は，2年後の1950〈昭和25〉年7月28日からの朝日新聞社のレッド・パージのときに，対象者の一人とされた，という）。

こうしたことから『圖書新聞』がこの事件を報道出来たのは平和条約と日米安全保障条約が発効，GHQが廃止（4月28日）になった1952（昭和27）年の5月26日号であり，その記事は次のような内容のものであった。

組合の壁新聞が契機となって社員4名が馘首を言い渡され組合と会社側が対立，執筆者グループの“執筆拒否”まで行われた「改造社」事件は，当時種々の事情からその真相が明らかにされなかった。

昭和23年12月8日，組合の壁新聞の記事がGHQのCIC（民間諜報局）の係官の眼にふれたということで組合員4名（改造編集部2名，女性改造，出版編集部各1名）が会社側から馘首を言い渡された。

問題とされた壁新聞は，マーシャル・プランの批判にわたった記事及び進駐軍放出の砂糖にはダニが入っていることを指摘した記事その他であったが，かねて組合活動等に対する会社の無理解に刺激されていた組合ではこの措置に反対，折衝を続けたが「CICが強硬である」との会社側の回答から，組合ではこれを都労委に持込み，

「CICは内政に干渉しないのではないか」などの主張で折衝した。

ところで都労委の審査は初め組合員4名に対し有利に行われていたが，結局都労委では「CICからの意向でこれ以上の審査は不可能」との立場をとった。この間，組合員4名の馘首を不当として『改造』新年号に寄稿を予定されていた執筆者すべてが執筆を拒否，新年号は発行されなかった（このため会社側では臨時編集部を設け“1月号”として発行した）。

都労委の審査が「不可能」となったので組合では川端康成，中島健蔵，丹羽文雄，吉野源三郎4氏に調停を依頼，4氏はジャクソン氏（GHQ経済科学局の労働課）に対し，その意向を打診したが，回答はCICは会社の内政には干渉しない，しかし経営者のとった措置（注・馘首など）は妥当である，ということで結局，昭和24年の2月，“依願退職”と“会社内規の退職金を支払う”こと等を条件にこの事件は一応落着となった。

なお，1969（昭和44）年に松浦総三氏が『占領下の言論弾圧』（4月18日初版・現代ジャーナリズム出版会）の中で，元社員の立場で，この事件を詳述した。

2

『改造』編集部員8名を解雇

私にとって2度目の取材となった1955（昭和30）年1月初めからの改造社紛争の経緯を略述すると，発端は前年の12月，越年資金と賃上げ，その他の要求を行った同社従業員組合（古山登委員長，22名）と会社側が対立したことに始まる。社長は創業者の山本実彦（1952〈昭和27〉年7月1日没）の未亡人山本鉦さんであった。そして従組は2回にわたりストライキを行った。

1954年12月25日＝会社側は経営不振の立て直しなどを理由に，編集局長原勝氏を解雇。

1955年1月6日＝会社は専務横関愛造氏他2名の重役を解任して顧問とし，山本社長の女婿内川順雅氏を取締役（専務）に据えると発表。

1月7日＝会社は編集部に事前の話し合いを行わず編集局長として佐藤績氏（元『改造』『人間探求』編集長，元日本文芸家協会書記長）と岩本常雄氏，加納正吉氏の入社を発表した。

こうした動きの中で従組側は，原氏の馘首に対する円満解決を会社に要望，また佐藤氏が“エロ雑誌”といわれた『人間探求』編集長時代に罰金刑を受け，そのほか金銭にからまる悪い風評もある人物だから，十分に調査した上で入社を決定してもらいたい，と申し入れた。しかし会社はすべて拒否した。

1月11日＝会社は新しい重役として前尾繁三郎氏（自由党代議士）を入社させた。

なお従組側は，会社が『改造』の編集部とは別個に作った編集部で，3月号の編集を進めているということを知った（会社から原稿を依頼された岡本太郎氏を通じてこの事実が明らかになった）。

1月14日＝会社は『改造』編集部員9名に対し「7日以後の取材活動を認めず，交通費，接待費などは支給しない」と事実上の執務停止の通達を出す。

1月17日～19日＝会社は更に業務通達（会社の新しい人事を従組が承認すること，『改造』編集部9名のうち8名が出版部に移ることなど）を出した。そして5名の会計部員に対し現金の出納を任せず，内川氏自ら現金を保管し，また従組宛，個人宛をとわず郵便物を差し押えて開封する，などのことを行った。この間，会社は従組からの話し合いの申し入れをすべて拒否。

1月20日＝従組側は組合大会を開き，「会社の人事などの様々な処置は，改造社を破滅させるものであり，また従業員の人権を全く無視したものである」とし，“不当人事”“不当処置”に反対する決議をし，文書による申し入れを会社に行った。

1月21日＝正午前，会社は病気欠勤中の１名を除き『改造』編集部員８名全員（富重義人，松浦総三，山西由之，小野田勇，小田切進，夏目十郎，仲佐秀雄，古山登の各氏）の解雇を発表，午後２時には「組合の要求には一切応じられぬ」と通告した。３時，従組は闘争宣言を発し，解雇の効力を停止させるための仮処分を東京地方裁判所に申請，同時に不当労働行為として東京都労働委員会に提訴する決議をするなど闘争態勢に入った。

1月22日＝従組は，これまでの経緯と『改造』３月号の発行が危ぶまれていること，そして，会社が「出版文化産業史上で空前の暴挙を行った」とする声明書を発表した。

文化人，『第二改造』への不執筆に動く

1月23日＝青野季吉，高見順，阿部知二，豊島与志雄，井伏鱒二，中島健蔵，臼井吉見，中野重治，大宅壮一，中野好夫，尾崎士郎，丹羽文雄，亀井勝一郎，広津和郎，桑原武夫ら15氏が呼びかけ人となって会社が別個に編集している『改造』の３月号には執筆しないでほしいという内容の次の声明書「『第二改造』不執筆同盟について」を発表した。

> 戦後，改造社はたびたびゴタゴタをくりかえしてきましたが，最近また，これまで苦心し，骨を折ってきた専務の横関愛造氏ら幹部を一斉に退陣させ，さらに現在の編集スタッフ全員を解雇しようとしております。この間経営者の人権を無視した圧迫にもめげず，全社員が幸い仲よく『改造』を守ろうと頑張っていますから，われわれもできるだけこれを応援してやろうと思います。
>
> しかし改造の経営者は，昨年文芸家協会をやめた佐藤績氏を中心にすでに３月号をひそかに編集していました。これに執筆しないことが，公正な言論機関である『改造』を守ろうとしてこれまで努力してきた社員諸君にたいするもっともよい支援になると存じますの

で，ご賛同いただきたくお願い申上げます。

これに応えて“第二『改造』”編集部から原稿執筆を依頼されていた岡本太郎，宇野浩二，藤沢桓夫，檀一雄，円地文子，井上友一郎，邱永漢，柴田錬三郎氏らが執筆を拒否した。そして以後 2 ヵ月の間に（2月11日，「第二『改造』不執筆同盟」は「改造を守る会」となった）1000人を超す作家や学者などの文化人が声明書に賛同し，また従業員たちの生活資金カンパなどに応じる人も多かった。以下はその一部の氏名。

矢内原忠雄・南原繁・小泉信三・谷川徹三・柳田國男・山川均・野上彌生子・平野義太郎・長谷川如是閑・大内兵衛・東畑精一・貝塚茂樹・恒藤恭・猪木正道・久野収・芹沢光治良・大岡昇平・三島由紀夫・堀田善衛・菊田一夫・今井正・新藤兼人・清水幾太郎・木下半治・辰野隆・池田潔・大下宇陀児・小穴隆一・颯田琴次・佐々木邦・佐佐木信綱・土居光知・高木惣吉・高木健夫・林健太郎・久松潜一・吉田健一・南博・正木ひろし・阿部知二・浜本浩

『中央公論』編集部有志の抗議

こうした動きの中で，30数年間にわたる競争誌の『中央公論』編集部有志（次長以下全員＝南清市・竹森清・竹内一郎・橋本進・笹原金次郎・河合平三郎・京谷秀夫の各氏）は 1 月 28日付で，次の抗議の申し入れ書を改造社副社長の秋山達氏と専務の内川順雅氏に出した。

> この度の貴社の編集部員に対する馘首と新編集部の設立に，私たち中央公論編集部有志は大いなる関心をもたざるを得ません。私たちは同じ出版産業の従業員として，今回の馘首は人事権の濫用による不当人事と認め絶対に反対であります。
>
> また『改造』『中央公論』と数十年にわたって並び称され，あの戦争中にも運命を共にしてきた伝統ある，日本における代表的総合雑誌の編集者として，その光輝ある伝統を傷つけるような人事にも

全く反対せざるを得ません。

つね日頃，過重な労働にさんざん酷使され，そのあげく社業の発展のためにという理由によって一片の通達で馘首されるということに，私たちは真に憤りを感じます。

会社側の皆さん，私たちは貴社の隆盛を心から願う者の一人として，皆さんが首切りを撤回して，全社一致して『改造』の発展に努力されることを期待して，そのため速やかなる善処を要望する次第です。

当時，このような競争誌の編集者の“連帯”ということは，長い出版界の歴史の中でも無かったことである，といわれた。

なお，前日の27日午後3時から，東洋経済新報社，講談社，日本評論新社，岩波書店，三省堂，中央公論社，大日本図書，平凡社，中教出版，実教出版，河出書房など17社の労働組合代表，および印刷会社の細川活版所，銀座印刷の労組員，出版団体の水曜会と木曜会の有志など60余人は，改造社内で秋山副社長と会見，出版労組懇談会（略称・出版労組懇）の次の抗議文を手渡した。

今度の，貴社の貴社従業員に対する不当解雇及び人権を無視した数々の行為は，同じく出版産業に働く私どもとして，黙視することの出来ない重大な問題であると考えます。

私ども出版労組懇談会による3000名の出版産業労働者は，正常な労働組合運動を通じて，正しい言論を守り，新らしい文化を育成していく出版産業本来の任務を，お互いに相助け励し合いながら遂行いたして参りました。そして今日まで，輝しい伝統を持つ改造社の出版界における立派な業績には，私どもは皆等しく尊敬と信頼を寄せて参りました。然るに，貴社がとられた今度の行動は，唯，単に貴社従業員に対する不当な行為であるばかりでなく，改造社の伝統を破壊し，ひいては“言論の自由”をファシズムに売り渡し，出版産業全体を破滅にみちびく悪質な行動であると断ぜざるを得ません。
私どもは，今ここに出版労組懇談会の名において，貴社が速やかに人権を尊重し，不当解雇を撤回して，改造社の伝統に立ち戻り，正しい出版活動に専念されるよう心から抗議と勧告をいたします。
万一，なおも貴社がその誤りを正すことなく，常軌を逸した態度でその悪質な行動を押し進めるならば，私どもは出版産業労働者として，“人権の擁護”“言論の自由”防衛のためにあくまでも闘う覚悟であります。

出版労組懇は1953（昭和28）年4月，15組合，約1000人で発足したが，この1月現在では37組合，約3000人となっていた。そして「改造社対策会議」を設置し，各社の労組員は毎夜の動員，カンパ活動など，以後数ヵ月にわたって活動をつづけた。

「解雇反対と言論・出版の自由擁護」を柱としてのこの活動は，当時「懇談会の枠を抜け出た」（傍点筆者）ものと言われた（出版労組懇は1958〈昭和33〉年3月，日本出版労働組合協議会，1975〈昭和50〉年7月，「産業別統一闘争を名実ともにになりうる組織」をめざす現在の日本出版労働組合連合会となる）。

なお日本文化人会議，日本民間放送労働組合連合会（民放労連），日本新聞労働組合連合（新聞労連），日本放送労働組合（日放労）などは『改造』編集部員への激励声明を出し，また文学座，俳優座，民芸，新協劇団も“首きり反対”の意思表示を行った。さらに55万人の組合員を持つ日本教職員組合（日教組）では，大抗議運動を起こすことを決議した。

この他読者，様々な文化団体，労働団体その他からの激励の手紙や葉書，メッセージが改造社内の廊下の両側の壁などにびっしりと貼られていった。

「不執筆同盟」を「守る会」へ

こうした状況の中で，青野季吉氏ら文化人たちは，2月11日，「第二『改造』不執筆同盟」を「改造を守る会」に改めて活動していくことになった。

これは変化している動きの中での対処のための名称の変更であった。変化というのは会社側が進めていた“第二『改造』3月号”が「不執筆同盟」による執筆拒否，たくさんの労組や文化団体などの抗議によって発行がほとんど困難になったこと，そして，これまでの『改造』編集部では，会社が首きりを撤回した場合にはすぐ雑誌が出せるように準備を進めてはいたが，会社に無断で勝手に編集発行するというわけにはいかないこと。また発行のためには執筆者の不執筆を解除してもらうことであった。さらにマスコミの動向への対処もあった。(「文化人たちと従業員が，女社長と甘くみて『改造』を乗っとろうとしている」という非難のことばも『産経新聞』3月24日付で報じられていた。このほか『週刊朝日』2月27日号の記事には，会社が進めている“第二『改造』”と，従組と文化人による“第一『改造』”と，どちらが先に刊行されるのか？といったような興味本位の記事などもあった)。

この変化する状況への対処のために「不執筆同盟」の青野季吉氏，久野収氏たちは，会社側に反省をうながすとともに，執筆者が“執筆できる”状況を作り，1日でも早く『改造』を発行することをめざす。そして，うわさされる“権力側の介入”を排して，『改造』の優れた伝統を守る――これが「改造を守る会」という名に改めた大きな理由の一つであった。

南博氏は「この会が『文化をつくるもの』と『出版文化をつくるもの』との結びつきをつくり，更に『文化を受けとるひと』との共通の広場になることを望む」という意見を出し，この他「将来にわたって権力などからの言論圧迫を防ぐ砦にしていきたい」という意見なども，数多く「守る会」の委員たちのもとに寄せられてきた。

『改造』OBも事態の収拾へ

『改造』の元編集者たちも事態収拾のために動きだした。２月11日，小野田政，北島宗人，黒田秀俊ら25氏が集まり，また23日には秋田忠義，水島治男，大森直道氏ら戦前の編集者30数人が紛争解決に努力することを申し合わせた。

「守る会」委員と『改造』の先輩たちの折衝により３月７日，山本鉎社長，秋山達副社長（内川専務は欠席）と従組代表，「守る会」委員との話し合いが行われた。紛争の始まりから２ヵ月目であり，これまでは会社は従組からの団交の申し入れを一切拒否していた。この日の会合で会社は「休刊はよいとは思わない。速やかに雑誌を出したい」と，それまでの「休刊もやむをえない」という考えを改めた発言を行った。

11日は労使それぞれが「守る会」委員と話し合い，14日には「守る会」委員と会社側との間だけで行われた。その結果，①５月号から出したい，②15日から連日，団交を行う，③これを通じて皆が安心して働ける職場をつくる，④経営者，従業員，「守る会」が三位一体となって『改造』を出していく，⑤「守る会」は団交がむずかしい問題に直面したときは出るが，以後は労使の自主的な問題解決にゆだねる，などが決められ，従組側もこれを了承，15日から解決へ向って本格的な話し合いに入ることになった。

３月15日。会社は「事態は変化し，現在では月々大きな赤字であるから，根本的に最小規模まで縮小して再出発したい」と述べ，従業員22名中８名を除く大多数の人員整理案を発表，従組側では「縮小だけでは真の再建にはならないし，人員整理による生活破壊は承服できない」と反対した。会社側は更に「残留の社員は再建の決死隊のつもりで，からだも丈夫で能力のある人を選びたい。会社側も裸になってやる。この会社案がまとまるまでは雑誌の発行もできない」と言い，もの別れに終わった。16日，17日，そして27日に至っても会社側は整理案を撤回せず，労使は対立をつづけた。

この間，会社側は「守る会」委員にこの経緯を全く連絡しなかった。「守る会」は再び前面に出ることになった。

様々な壁を乗り越えて，「守る会」の委員と『改造』の元社員，出版労組懇の委員たちは，会社と従組側との間に一応の和解の線をみつけることができた。すでに4月に入っていた。

3

紛争和解の協定が成立

4月14日夜，会社側（秋山副社長，内川専務）と従組側（古山委員長以下執行委員全員）および旧社員の秋田忠義氏，浜本浩氏が話し合い，次の協定が成立，紛争83日で一応，労使の和解ということになった。協定書の内容の要旨は，次のようなものである。

速やかに事態を収拾し，労使間の信頼と協力体制を確立して，雑誌『改造』の伝統と信用を立て直し，社業の発展を期するため，次の各項に従って紛争を解決する。

1　編集部8名に対する1月21日付の解雇は取り消す。

2　編集部の山西由之，小田切進，富重義人，松浦総三の4名は4月14日をもって円満退職する。会社側が採用した加納正吉，岩本常雄の2名は認める。

3　「改造を守る会」の諸先生の援助を懇請，労使一致して直ちに『改造』の刊行にあたる。

4　営業部の宝井喜八郎，佐伯美喜子，三上真一，渡辺富美子，伊藤道雄，山崎ヒサ子の6名は4月30日をもって円満退職する。

5　今後会社が新規採用を行う場合は前記10名のうちから適格と見なし得る者を優先して復職させるよう努める。

6　速やかに労働協約を結ぶため4月23日より協議を行い，5月16日までに締結することを目標とする。同日までに一致を見ない事項については，その後毎週１回宛協議を続ける。

7　東京地裁，都労委，東京地検に対する提訴，申し立て等は取り下げる。

8　退職金額は勤続年数１年ごとに現在の基本給１ヵ月分を支給する。但し３年に満たないものは３ヵ月とする。支払方法は昭和26年に株式会社改造社として再発足した新社の分は４月30日に全額一時に支払うが，旧社の分は編集４名および宝井氏に対しては来年１月から１ヵ月３万円宛支払う。なお佐伯美喜子，渡辺富美子の２名は７月から支払う。

私は，会社側と従組側から次の談話をとった。

会社側談　長らく読者にご迷惑をかけて申しわけない。何号から出すかについては，社内の事情もあるので現在はっきり申し上げる段階にはなっていないが，７月１日が山本実彦社長（筆者注＝創業者）の三回忌であり，また今年は『改造』創刊35周年にもあたるので，よく考慮して速やかに出したいと思っている。なお刊行のための資金の見通しもどうやらついたので，従来の債務関係などを調べて整理し，早く着手するつもりである。

従組側談　紛争は４月14日をもって一応解決したが，退職金の完全支払い，労働協約の締結などの問題が残っており，この紛争の基本的な解決は未だ今後に残されていると思う。しかし，私たちは会社と協力して，一刻も早く『改造』を出すことが，ご迷惑をかけた読者に応える道であると信じ，この線に沿って大いに努力して行くつもりである。（『圖書新聞』1955年４月23日号）

労組懇の「改造問題の意義」

従組委員長の古山登氏は「犠牲者を出したことはまことに申訳ないが，雑誌『改造』を守ったことを誇りに思う」（『朝日新聞』４月15日付）と述べたが，出版労組懇談会では『出版労組懇談会ニュース』（４月25日号）で「闘いを今後にのこす——解決をみた改造問題の意義」という，次の文章を発表した。

……（前略）ここ数週間の情勢は明らかに，早期解決の必要を示していた。雑誌休刊は，すでに3，4，5月号とつづき，6月号すら危ぶまれる。一方で『改造』廃刊——外部の力による買収——その上での再刊というコースが予想されると同時に，「改造を出すなら，行きがかりを捨てて積極的に協力しよう」という組合と守る会の呼びかけによる経営者の動揺と歩み寄りへの気運が見られた。そして，一方，非常に広汎で力強い支援をかち得たとはいえ，その支援も，長期化するにつれ，限界がみえはじめている。これ以上闘いを押し進めることは，かえって情勢を不利にする。だからこの時期をはずすことは改造再建のチャンスを失うことではないか，という判断がくだされたのであった。このことは，改造の闘争が岐路に立った4月，1日付で「現在の雑誌界の偏向を匡正する」という新雑誌“新論”の発刊趣意書が“改造を守る会”の文化人その他に発送されていることでも明らかであろう。（この雑誌の後援者は一万田尚登，石川一郎，石坂泰三等の財界人その他戦争政策の擁護者が多い）

今日，改造争議をふりかえって，第一に改造従組と，それを支援した国民の団結が，『改造』のぶっ潰しという結果を防ぎ，組合員全員が職場を失うという事態を救い得たことは，高く評価されなければならない。けれども，同時に，10名もの被整理者を出さざるを得なかったことに，われわれの力の弱さを感じないわけにはいかない。（中略）

……改造対策会議の結成，数次のカンパ，人員派遣等の闘争支援は，労組懇誕生以来の画期的な成長を示していた。この間の経験は，今後の労懇の成長に大きな役割を果すに違いない。ここで得た「われわれも企業のワクをこえて統一して闘うことができるのだ」という確信や，改造を守る会や，地域共闘や，その他にみられたように「国民の利益という立場に立って闘う限り，広汎な支持が得られるのだ」という経験は，われわれにとって限りなく貴重なものである。しかし，この支援闘争を大衆闘争として十分発展させ得なかったことは，今後の大きな課題となるだろう。（中略）

私たちは，厳しい情勢の下で苦しく辛い条件で妥協をはからねばならなかった。改造の仲間が職場を去るのを見送らねばならなかった。一日も早く，このような事態から抜け出るために，より広い，より強い統一と，これからの闘いを準備しなくてはならない。

久野収氏，談話を発表

「改造を守る会」の久野収氏は，次のような談話を発表した。

大変むずかしかった。つぶすのはやさしいが，守るとなると，いろいろな条件が，いろいろと絡みあって，一方を立てれば他方が立たなくなるということになった。

先ず，闇資金やエタイの知れない新社コースを排除するとなると，当然自己資本ということになるが，そうなると資金は全く限られてしまうし，おまけに，改造社は紙屋さん，印刷屋さんその他に全然信用がなく，すべて現金取引きを行わねばならない様子で，再刊の資金を調達し，その上，従前の人員を維持するということは，到底不可能とみえた。

「守る会」としては，従業員を守るか，『改造』の再刊を守るかの岐路に立たされ，結局両方の妥協が現在のような結果となった。

何しろ，経営者は，編集者を全部やめさせ，営業の人もほとんどやめさせて，全く新しい闇の陣容で，変質した『改造』を出すか，『改造』という名義をどこかへ譲って，態（てい）よく逃げ出すかを考えていたと思われるフシがあるから，ヒモ付き資本を入れさせず，『改造』の伝統に立っての再刊を公約させたのは，改造社の組合と，全印総連，出版労組懇などの辛抱強い努力の賜物である。

自由な言論の場所として，『改造』を守り抜いた結果は，直ちに“偏向する既存ジャーナリズムを矯正する”というねらいを持った新雑誌『新論』の発刊となって，背後の勢力が舞台に登場してくるようになった。解決が急がれたのは，こういう動きがあったからである。それは千何百人もの執筆者の協力を得ながら，『改造』ひとつさえ守れないなら，執筆者の全部を天下の笑いものにしてやろう，という動きなのである。

こんどの争議で痛切に感じたのは，改造社の経営者の頭の古さと，一度失敗した中小企業の惨状であり，“民族資本”の擁護といった立 場は，口でいうことは容易だが，いざそれを少しでも実行するとなると，従業員側のどれ程つらい犠牲が要求されるかであった。世話人を快く引受け，多忙のところ喜んで経営者とのいやな話合いに出てくださった広津和郎他15人の委員の方々に深く感謝する。

解決の勝敗は将来の批判にまつほかないが，特に感じるのは，編集者の間にも，執筆者の間にも自分たちの活動を守り育てる，編集者と執筆者との生活擁護同盟のような組織が結ばれていなかったことである。(『圖書新聞』1955年4月23日号)

4

和解のための二つの重点

改造社従組と「改造を守る会」の久野収氏の談話や出版労組懇の文章からもわかるように，会社側との和解のための重点は，①“ヒモ付き資本”を入れない，②『改造』の優れた伝統をひき継ぐ雑誌を速やかに刊行することを会社側に公約，実行させることであった。このため10名の退職者を出すこと――『改造』編集部員8名の馘首に端を発したこの争議が結果としては退職者10名に増えた――を認めたのであった。

ところで①の“ヒモ付き資本”とは何であったのか？　すでに記したように会社側は1月11日，新しい重役として自由党代議士の前尾繁三郎氏を入社させた。そして従組，「守る会」の世話人，労組懇などではこれに強い警戒感を抱いた。以下，このことを記す前に，当時の政治情勢をみてみよう。

2年前の1953（昭和28）年10月，池田勇人自由党政調会長とロバートソン米国務次官補との会談で，日本の防衛力（再軍備）漸増と，これの精神的支柱になる「愛国心」教育を行っていくという共同声明が発表された。更に1954（昭和29）年2月22日，自由党政府は教育の政治的中立確保に関する法案と，教育公務員特別法改正案を国会に上程した（教員の政治活動の制限と，教育の“中立”をきびしく守らせて日教組などの弱体化をめざす。5月29日成立，6月3日公布）。3月12日，憲法改正のための自由党憲法調査会（岸信介会長）が発足。6月8日，警察法改正公布。6月9日，防衛庁設置法・自衛隊法・ＭＳＡ協定にともなう秘密保護法公布（7月1日，それぞれ施行。防衛庁，自衛隊が発足）。12月22日，政府は憲法第9条について統一解釈――自衛権保有，自衛隊は合憲――を発表した。これより前1952（昭和27）年4月28日，平和条約と日米安全保障条約が発効，GHQが廃止されて日本はアメリカ軍の被占領国から一応“独立”国となったが，「米ソ冷戦」のもとでアメリカは日本をアジアにおける「反共の砦」とする政策をとりつづけた。占領中に起こった朝鮮戦争（1950〈昭和25〉年6月25日勃発，日本独立後の1953〈昭和28〉年7月27日，休戦協定調印）においては，アメリカ軍は日本の沖縄その他の基地から朝鮮に出動し，同時にアメリカは日本の経済を早急に立て直し，これらアメリカ軍の基地が十分に機能することをめざした。このためストライキへの弾圧，レッド・パージ，そして主要企業の急速な再建，官僚機構の温存等々を進め，戦前・戦時中の軍国主義下の日本の各界で指導的役割を演じ，敗戦直後に公職を追放された者たちの追放を解除して“活用”するようなことまで行った。

こうした動きは当時，日本の民主化に対する“逆コース”といわれたが，戦後日本の政治と経済の流れをつくったといわれるアメリカのこの政策を具体化し推進したのは，自由党と官・財界の首脳たちであった。

自由党の前尾繁三郎氏の入社

以上のような情勢の中で，改造社従組や「守る会」，労組懇は，「前尾繁三郎氏は“池田・ロバートソン会談”の池田勇人政調会長の有力な側近であり，氏が改造社の重役として入社したのは，資金導入とひきかえに雑誌『改造』の内容を変質させるためではないか，そして自由党に改造社は買収されてしまうのではないか」という危機感を強めたのである。

『週刊朝日』1955年2月27日号は前尾氏のインタビュー記事「第二改造黒幕の弁」を掲載した。そこには，改造社の取締役に就任したいきさつを聞かれての答えと，取材記者との問答が報じられている。

　先代の山本実彦さんとは大蔵省の役人時代から知り合いで，こんど山本家から赤字つづきでどうにもならぬ。なんとかたのむ。まず銀行の融資をつけるために，ぜひ名前を拝借したい，というので就任した。

問　編集方針をうかがいたい。

　まったく白紙だ。就任をたのまれたのが去年の暮のことだし，私は選挙のほうにいそがしいので改造社内のことについては，ほとんど知らない。

問　しかし何かあるでしょう。

　まあ，“進歩的”にやってもらいたいと思っている。組合側の動きとか，首切り問題なども以上の理由で，なんともお答えすることがない。

退職者の一人の松浦総三氏は『占領下の言論弾圧』（前掲）の308頁で，「老獪な保守政治家である前尾繁三郎ともあろうものが，もちろん本音を吐くはずはないだろうから，額面どおり受け取ることはできないが，前尾によると『名前を貸しただけだ』ということになる。これでは，自由党や政府が『改造』をつぶしたという推論はできても，決定的なキメ手にならない」と記している（傍点は筆者）。

「『改造』800万円買収案」

決定的なキメ手をつかむために，私は友人の日刊紙の政治部記者たちに協力してもらったが，この黒い幕の中をうかがうことは，ほとんど不可能に近かった。だから，前記の改造社従組や久野収氏の談話，労組懇の文章からも明らかなように，自由党の“改造買収計画”というものを，疑いようもない資料の裏づけによって打ち出すことは当時はできなかった。しかし後年，作家の吉原公一郎氏は，内閣調査室に関する資料のなかに「政府の内面協力により行う民間広報細目」という文書を発見，これを氏の作品『小説日本列島』（三一書房）の中で公開した。

次に掲げるのはその一部だが，主要な新聞社，通信社，出版社などへの政府のマスコミ対策の一端がうかがえる。改造社の「800万円買収案」なども，はっきりと記されている。

（1）新聞関係

① 編集首脳との懇談会，月1回くらい

副総理，官房長官，官邸政治部キャップを加える。御意見拝聴でゆく。情報交換，謙虚な態度で望む。

② 記事資料提供

外部協力スタッフによる原稿準備　活用中，共同，時事通信。（加筆）副総理，長官，副長官に対する反共資料（各省より），及びその要領。6社につき5回で年360万円。

（2）新刊誌142頁，『世界』に対抗する。

（加筆）世界・12万。改造・5万。中公・13万

（3）既存誌

投書戦術
学者利用 } 編集者 （加筆・総合雑誌・文春と世界の間）
学生利用

問題は「世界」

中公→編集局との話

改造→落目，八百万円買収案（経済困窮）

知性（傾向は中立的であり活用の対象とする）

家の光

婦人公論（傾向的，重点対象）

週刊誌→記事資料提供（以下略）

なお，この1955（昭和30）年は，日本民主党（公職追放を解除された戦前の文部大臣鳩山一郎を総裁として54年11月24日に結成。鳩山は吉田内閣の総辞職〈12月7日〉により首相となる）が，8月13日，パンフレット『うれうべき教科書の問題』を作成・配布し，教科書の“国定化”（民編国管）をはじめとするアメリカの政策に沿った教育の国家統制の方向を打ち出した。そして憲法改正に積極的な鳩山の日本民主党は，前年10月20日の経済同友会などの要望に応えて11月15日，自由党と保守合同して「自由民主党」を発足させた。

また1950年代から65年頃まで，アメリカのCIA（中央情報局）が反共活動の目的で秘密資金を自民党に援助したことが，今日では暴露されている（1958年，佐藤栄作蔵相は「共産主義とのたたかい」で財政援助をアメリカに求めた）。また1965年，沖縄立法院選挙で革新の進出をはばむため自民党幹部を通じてアメリカが極秘に金を流そうとしたことも，このほど解禁された秘密文書に描かれている。

『改造』編集者たちの志

“ヒモ付き資本”の導入と権力による編集内容への介入を排し『改造』の優れた伝統をひきついでいくことが従組，「守る会」，労組懇，その他の支援団体の人たちのめざすものであった。

『中央公論』と『改造』は「大正時代から昭和の戦後かなり後まで，ここに載る論文は日本の思想界を代表するものと言ってよかったし，またそれが国民の思想をリードするものであったこともまちがいない」（林健太郎『昭和史と私』文藝春秋）といわれるように“商業雑誌”というワクの中でも総合雑誌編集者たちは，その志を貫こうとしてきた。

1940（昭和15）年７月，出版文化協会（情報局の下部機構。「戦争に非協力」と軍部が認定した出版物に対し用紙の割当量を削るなど，経営に打撃をあたえる力を持った言論統制機関）が発足した。更に1941（昭和16）年12月８日の太平洋戦争突入以降，「陸軍省軍務局・大本営陸海軍報道部関係軍人および，その思想幕僚，情報局・内務省関係官僚と司法官憲，特高警察吏，さらにはこれらと陰に陽に気脈を通づる一連の御用文化人，および自ら軍国主義の走狗に転身していった編集者ら」（畑中繁雄『日本ファシズムの言論弾圧抄史』高文研）は，ほとんどすべてのマスコミを沈黙させ，積極的に戦争遂行のための言論統制に迎合させていった。『改造』と『中央公論』も次第に後退させられたが，最後の一線では，踏みとどまる努力をつづけた。しかし「横浜事件」（1942〈昭和17〉年，『改造』８，９月号の細川嘉六氏の論文「世界史の動向と日本」により細川氏が検挙され，1944〈昭和19〉年11月頃までに60数名＜うち出版関係23名＞が神奈川県特高，横浜地方検察局によって告発・検挙された。改造社では相川博，小野康人，小林英三郎，若槻繁，青山鉞治，水島治男，大森直道氏たちが，それぞれ凄惨な拷問を受け，相川氏は敗戦後死亡）がでっちあげられた。つづいて1944年７月10日，「思想指導上不適当なもの」という理由で情報局から“自発的廃業”を強制され，改造社は中央公論社とともに解散させられた（改造社が再び活動を始めたのは敗戦後の1945〈昭和20〉年10月24日だった）。

こうした歴史と伝統を持つ『改造』の“変質”をくいとめ，速やかに雑誌を刊行させることが和解にあたっての重点であった。

会社側もようやく歩み寄り，84日間に及んだ改造社の紛争は，前記のように4月14日夜，労使の和解が成立し，『改造』刊行の見通しが出てきた。しかし，改造社の今後について危ぶむ声もかなりあった。

大宅壮一氏に感想を聞く

東京・八幡山のお宅を訪ねて「改造社の労使の和解」について感想を求めた私に対して，大宅壮一氏は，次のように語った。

> 紛争は解決をみたようだが，私の経験では，これからが大変むずかしいのではないかと思う。大企業の紛争の場合だと，妥協したあとは，労使がある程度サラッとした気持になって妥協のための条件の実現をはかっていくことが容易だが，少数の企業だと，これは容易でない。毎日全員が顔をつき合わせ，しかも労使があい共に経営形式の問題，資金の問題，雑誌の内容の問題などについて協力しなければならないわけだが，紛争中，お互いの人格を徹底的に否定しあったあと，協力がうまくいくかどうか。この試練に合格するかどうかで『改造』の運命も決まるものと思う。
>
> 夫婦喧嘩でもそうだが，元のサヤに収めるのか，手切れ金をもらうのを前提にするのかでは，やり方もだいぶ違うわけだが，こんどの場合は手切れ金喧嘩のように派手にやって，しかもサヤに収まったのだから将来が大変心配である。(『圖書新聞』1955年4月23日号)

5

従業員全員が退社する

4月14日の和解後の推移は，次のようであった。

「『改造』復刊には慎重な準備期間をとりたい」「もっと有利な金策が近くできる」等々と会社側は一日延ばしの態度をとり，また約束であった「守る会」との連絡もつけなかった。従業員の給料も6月末には3ヵ月の欠配となり，さらに山本社長，内川専務は所在をかくし，従組との話し合いに応じることを避けはじめた。和解のときの協定は一つも守られなかった。そして『改造』の商標権を他の出版社に売り渡すらしい，という情報も流れてきた。

会社側は8月末『改造』の刊行努力を放棄した。このため9月23日，従組では会社と最終的な話し合いを行い，①一律2.2ヵ月分の給与を支払う，②これまでの貸借関係は一切無効とする，③地裁，都労委，労働基準監督署への提訴，申し立てなどは取り下げる，その他，を条件に従業員全員が退社することになった。

10月5日，退職者たちは「改造を守る会」の青野季吉，広津和郎，久野収氏たちと復刊のための対策について協議，「守る会」が7月頃から進めていた勁草書房からの刊行をめざすことになった。そして山本家と勁草書房との折衝には「守る会」として広津氏を正式に委嘱し，また，1956（昭和31）年3月号を復刊第1号として準備を進めること，などが話し合われた。

なお『改造』という誌名の商標権は故山本実彦の血縁者の山本一樹氏が持っているが，氏は，山本の遺族には渡さず，退職者たちに譲渡してもよい，との意向らしい，ということであった。

一方，会社は京橋の事務所を閉鎖した。

『改造』紛争の経過報告と今後

11月5日1時半から新東京グリル（東京大手町・産経会館9階）で，青野，広津，久野氏ら「守る会」の世話人が，これまでの経過報告と今後の方針についての説明会を開いた。山川均，高見順，阿部知二，清水幾太郎氏たち文化人，古山登氏ら退職した従業員，出版労組懇の有志，勁草書房社長の井村寿二氏，報道関係者などが出席した。

まず，久野氏が，紛争発生以来の経過報告と，6月30日，「守る会」の5氏から山本鉒社長に宛てた文書を中心にして，会社が『改造』復刊の意志と方策を持たず，このため「守る会」としては勁草書房の井村社長などとの独自の復刊工作を続けざるを得なかったことなどを説明した。続いて広津氏は次のように述べた。

私は，従業員の言い分よりも，むしろ会社の意見を尊重して，なんとか復刊にこぎつけるように努力してきたつもりだ。しかし会社は少しも誠意ある態度を示さず，最後には，何回会って話しても，別れたとたん，会わなかったと同じ結果になっている。なお商標権の問題だが，これを預っている山本一樹氏は，創業者山本実彦の遺族には渡さない気持ちになっており，退職した従業員を立てながら，復刊号を出す新しい会社の方に参加する，と言っている。法律的な手続き問題はあるにしても，常識の線に沿って解決し，速やかに復刊したいと思っている。

なお，この日は復刊の期日などについての説明は行われなかったが，新社発足に際しての〈要項〉は次のとおりであった。

1　井村寿二氏，山本一樹氏等による新社の形で，雑誌『改造』を継続発行する。

1　「改造を守る会」の会員中より青野季吉，尾崎士郎，清水幾太郎，都留重人，中島健蔵，広津和郎，宮原誠一他若干名，並びに創業関係者の一人として秋田忠義氏が顧問として参与し，『改造』の刊行を援助する。

1　現在の改造社従組（9名，他に休職中2名）の中から7名がこれに参加する。これら従業員の従来の改造社に対する給料，退職金等の請求権及び新社に参加しないものの立直り資金については新経営者が可能な限り援助する。

1　故山本実彦氏の創業を尊重し，今後とも従来の改造社関係者と協調して『改造』の繁栄を期する尽力をする。

このニュースは『圖書新聞』11月12日号の第１面に“新会社の形で／改造を守る会／今後の方針を明示”という見出しで載せたが，私は山本鉒社長，山本実彦の長男の俊太氏の談話をとるために会社側に申し入れた。恐らくダメかもしれないと思っていたが，短いものながら次のような内容の談話がとれ，大至急，印刷所へ原稿を入れた。

山本鉒氏談　私のほうでは発行いたすつもりですが，近いうちに新聞などを通じて声明書を出します。誤解を生ずるといけませんから文書にして出します。

山本俊太氏談　「改造を守る会」のことを一部では「改造をつぶす会」だと言っている。社員，文化人が別会社で復刊を強行するならば，われわれとしても，いろんなことをやる。悪いことに対しては闘う。指導的立場の人びとも，この掠奪行為に対して反省する時が来るだろう。

『改造』従組の報告と解散

その後，関係者たちの努力にもかかわらず，新社は結局発足することができなかった。1956（昭和31）年６月18日付の『出版労組懇談会ニュース』第29号に，「御報告」という次の短い文章を載せて改造社従組は解散し，以後，『改造』は再び刊行されることはなかった。

改造社従組は，昨年１月，編集部全員解雇に直面して以来，「首切撤回，改造復刊」の為に闘ってきました。昨秋，経営者が復刊の誠意を放棄した後は，「改造を守る会」と協力しつつ，新社の形での復刊の方途を求めて頑張ってきましたが，今日まで実現していません。

最近，新社発足の構想が実現できない見通しとなり，他方，組合員の失業保険による持久体制も期限に迫られた為，私共は『改造』復刊促進の努力はあくまで続けるとともに，一応個々人は生活維持の道を求めることに決めました。

長期間変らぬ御支援を寄せられた方々に対して申訳なく，私共としても忍び難い結果ですが，悪条件の中にあって私共の力がこれに打ちかち得なかった為の余儀ない結果といわざるを得ません。

1年4ヵ月，物心両面から励まして頂いた各方面の方々に，ここに御報告するとともに，重ねて，『改造』復刊の日まで一層の御理解と御援助をお願いする次第です。

人権と言論の自由を守る連帯行動

ところで改造社の紛争について，当時，否定的な意見も当然あった。たとえば，「総合雑誌全体の部数低下という状況の中で『改造』の編集企画も読者との間にズレが生じ，売行き低下→経営の悪化を来したのではないか」「出版社の衰えと倒産は外的原因ではなく労使双方の，つまり内部的原因によって起こる」「経営側の乱暴な人事と経営についての無策に大きな原因があったことはわかるが，従組も執筆者など文化人にゲタをあずけすぎた形にしたのは問題があったのではなかったか」等々。

しかし紛争の経過を追ってみると，敗戦後10年の大きな変わり目の中で，権力による新たな形の言論機関への攻撃があり，こうした状況の中で戦前・戦時中の軍国主義者たちの暴圧に抗し得なかったという反省と自責とを痛感していた人たちが，これからは，権力の言いなりにはならない，戦時中のように『改造』をつぶさせてはならない，という考えからの行動であった，といえるのではないだろうか。そして，人権と言論の自由を守るために連帯して行動するというタネを，戦後の日本の土壌に蒔こうとしたものではなかったのか，と，私は思っている。

（1996年10月記）

Ⅵ 『きけ わだつみのこえ』等の編集・出版の航跡

——戦没学徒の思いを受け継いで

1

出版界を中心にした読み物

『圖書新聞』（週刊）の記者になって８年目の1957（昭和32）年の夏の終わり頃から翌年の10月初めまでの約１年間，私は，アメリカ占領下にあった敗戦後数年間の日本の出版界で起こった出来事の主なものをとりあげて，“ニュース・ストーリィ”風な読み物にまとめることを田所太郎氏（社長）から命じられた。

“戦犯”出版社の追放事件，中央公論社事件，出版用紙事情その他，GHQ（連合国軍総司令部）の言論統制下にあって，真実を報道することが困難であったこれらのことも，日本占領が形式的には終わり５年経った1957年のこの頃には，関係者たちの多くが話をしてくださるようになった。また，その記憶もはっきりしておられた。

「毎週掲載，１回分は400字詰め原稿用紙８，９枚，関連写真２，３枚」ということで，この企画は９月21号からスタートした。「１年間，この取材と執筆だけに専念するように」と配慮してくださった田所氏は「連載をはじめることば」を次のように記した。

> 出版界を中心にした“現代史”——これはいつか誰かが書かねばならなかったテーマである。現在私たちの眼の前にある出版ジャーナリズムの盛況は終戦直後どんな所から生い立ってきたか。まず，その辺に焦点をしぼって現代の日本文化の一端を具体的にのぞいてみよう。登場人物には，作家あり評論家あり出版者あり編集者あり

で，複雑な唐草模様を織りなしていくが，資料的には十分の注意をはらっていくつもりである。

さて，この連載の早い時期に，ぜひとりあげたい項目が私にはあった。それは第２次世界大戦で戦死，また戦病死した学徒の手記・書簡・日記類をあつめた本――『はるかなる山河に』と『きけ　わだつみのこえ』の編集・出版の経緯であった。戦争末期，海軍に召集され，最下級の“水兵”で苦労した田所氏（明治44年生まれ），山形暢彦氏と唐木邦雄氏（大正ひと桁生まれ），安田金三郎氏（大正11年生まれ），そして大正13年生まれの私……と，当時の編集部の中心は，戦場から幸運にも生還することができた者たちであった。私の提案はすぐ受け入れられた。

2

東大で遺稿集の編集が始まる

「編さん難航す　心打つ戦没学生手記」という見出しをつけて，12月７日号に掲載したのは次の文章であった。

……諸君の嘗て幾たびか集つた思出多き講堂，別しても先年全学の壮行会を開いた此処から出で征いた同じ場所に於て，今日追悼記念の式を挙ぐるに当り諸君の霊は必ずや帰り来つて此処に在るであらう。その英霊を囲んで，学園にふさはしく何の宗教的儀式をも持たぬ純一無雑な慰霊祭に於て，不肖ながら自ら祭主となつて執り行つた我等の衷情を諸君は屹度酌んで呉れるであらう。いま吾が心の悲しみを拙詠二首挽歌として霊前に捧げ度いと思ふ。

桜花咲きのさかりを益良夫のいのち死にせば哭かざらめやも
戦に死すともいのち甦り君とことはに国をまもらむ

信愛なる吾が若き同友学徒並びに職員の霊よ，翼くは饗けよ

（昭和21年３月30日「東大戦没並に殉難者慰霊祭」における南原繁総長の告文）

東大学生自治会が戦没学生手記編集委員会を設けたのは，この慰霊祭が行われた年の，秋もすでに終わりの頃であった。編集委員は，文科系の学生自治会委員から１名ずつ，それに学内文化団体連合会から１名が選ばれた。辰野隆が後に顧問としてこれに加わった。

編集委員の中には，「東大１校に限ることなく，全国の戦没学生の手記・書簡を集める必要があるのではないか」という意見もあったが，時間的経済的条件の制約もあり，まず身近かなところから始めてみよう，ということになった。委員たちは手分けして戦死者の名前を調べ，遺族に手紙を書くとともに，学内掲示板などによって一般学生の協力を呼びかけた。また『東大新聞』の桜井恒次が紙上を通じて積極的にこれを推進した。ところが，こうした呼びかけにもかかわらず，あまりいいものが集まらなかった。というのも当時の風潮の中で，遺族の多くは，戦争に参加したわが子のことを，あまり公にしたくないという気持が一般的に強く，「いったい何にするのか」といった半信半疑の手紙も委員会に寄せられてきた。

一方，最初は積極的だった委員たちも，１人減り２人減りで，次第に姿を見せなくなり，残ったのは野元菊雄（当時文学部２年。“学徒出陣”で出征，砲兵上等兵で復員，後に国立国語研究所所員）と，戦時中特攻隊に入るのを拒否した佐々木という法科の学生だけになった。その野元も，やがてこの仕事に疑問をもってきた。それは，手記・書簡が一応集まってきたものの，二，三のものを除いて大部分が，刊行意図――「戦争のために生命を失った学生たちの手記・書簡を集めて，どのような悪政，圧迫の下にあっても，尊い，美しい人間性を失うことのなかった若い純真な魂を広く世に紹介しよう」――とは離れたものであったから（野元）である。

これは，勿論，言語に絶する軍隊の厳重な検閲下に，これらの手記が綴られたということが大きな原因であり，また暗黒政治の中で，目と耳をふさがれた当時の学生たちの手記としては当然のことであったが，このため野元の結論としては，「単行本にはならないだろう，しかし何編かはぜひとも雑誌に発表してみたい」ということになった。こうした或る日，東大付属医専の中村克郎と名乗る学生が，薄暗い編集委員会の部屋で仕事をしていた野元のところにやってきた。

「僕は中村徳郎の弟ですが，手記編さんの仕事は進んでいるのですか」

中村徳郎と聞いて野元は，すぐに思いあたった。中村徳郎（大正７年生まれ）は昭和17年，理学部在学中に入営，昭和19年比島方面で消息を絶った学生だが，その手記は学徒の知性と矜持を最後まで崩さなかったものとして，編集委員たちの心に深く焼きつけられていたからである。

外地出征が決定し，門司から両親と弟に書き送った最後の書簡の中で，中村はこう書いている。

……如何に日本が特殊の国だからなぞと云つても歴史の規定性から免がれる事は出来ないと思ひます。……凡そ何人が真の憂国者であつたかは歴史が決めてくれるでせう。……若し私が「死んだ」といふ知らせがあつたら自分の意志に反して敵弾に倒れたのではないと信じて下さい。戦闘惨烈を極め，愈々といふ時は自分自ら命を絶つことを肯定し，そして自らの手で果たすつもりで居ります。然しさういふ事のないのを信じたいと思ひます。だが又案外それははかない望みではないかといふ気もいたします。……克郎には十分勉強させてやつて下さい。……

この中村の弟から，手記編さんの進行ぶりを聞かれた野元は，

「僕の結論としては，出版は無理なように思います」

と，その実情を話した。ところが中村は，

「僕は，編さん委員ではないですが，遺族の方々への連絡でもなんでもやります。出発に戻ったつもりで頑張りましょう」

と，いった。中村は，兄の手記をなんとか世に出そうという気持から，「手記編集委員会」が作られる以前から積極的に自治会その他に働きか

けていた。

編さんの仕事は再び活気をとり戻した。野元，中村のほかに東大協同組合出版部の学生たち数名，それに桜井恒次から話があって出版部の顧問になった別枝達夫と，少数ではあったが，初期の頃にくらべて仕事は大きく飛躍した。当時中村は，毎日のように遺族への手紙を書き，このため“中村の手紙書き”というのが一同の間で評判になった。中村は，遺族から「息子のような気がする」と再三手紙をもらい，また地方の遺族たちからは一同に餅その他の食糧を送ってきた。手紙での交流によって遺族たちも次第に編さんの趣旨を理解し，多くの手記・書簡類を寄せてきた。さらに文藝春秋新社の池島信平が，『文藝春秋』にこの手記の一部を掲載したことから，日刊紙，ラジオでも大きく報道，このため，すぐれた手記がさらに多く集まってきたのである。手記は，辰野，野元，中村，別枝など一同が順次眼を通して，どれを収載するかを決めたわけだが，辰野は，「青春の遺書を読まねばならない老者の胸は痛い」と目をうるませて手記を読んでいた。

やがて39名の戦没学徒の手記・書簡の収載が決まり，いよいよ出版の段階になったが，当時，GHQがこうした戦没学徒の手記の出版をどう見ていたかを記してみよう。

野元は，編さんの仕事に着手した時，一つの不安をいだいた。それは学徒たちが，強制的に出陣させられたとはいえ，とにかく軍人であったのだから，GHQがこうした学生たちの手記の出版を許すかどうかということであった。そこで野元はGHQに行って打診したところ，係官はあまりいい顔をしなかった。野元と同様，別枝もGHQに足をはこんだ。二世の係官が出てきたので，別枝は，

「私たちが編さんし，出版しようと思う本は，戦争に駆り出された学徒たちのヒューマンなドキュメントである」

と，説明した。ところが，

「ヒューマン・ドキュメント？」

と，二世は怪訝（けげん）な顔をしている。

別枝はさらに数回，GHQ に行って説明したが，やや納得したという程度で，最後に，

「あなたたちが，どうしても出版するならGHQとしては別に妨げない」

という意味のことを言った。

さて，出版の段階になったものの，ここに一つの難関があった。それは，東大協同組合出版部は，それまでパンフレットとか，二，三の本らしきものを出版していただけに過ぎず，しかも大学の予算の枠外に置かれていた組織だったから，十分な出版資金などあるわけのものではなかった。別枝はこのため印刷所との交渉，その他“やりくり”に苦労した。南原総長は東大協同組合出版部を将来ユニバーシティー・プレス（U・P）として発展させたい，という考えをもっていたが，この「U・P」の基金作りには南原も別枝も頭をヒネルばかり。ある時，別枝が南原総長の所に行くと，南原は，

「農学部の演習林の木を伐って売ってみたらどうか」

と，いう。ところが国立の大学では木を一本伐るのもなかなか事は面倒，別枝が黙っていると，やがて総長は，

「東大のこよみを作って売ったら」

と，いった。

「カレンダーのことで？……」

「そうではない」

「では，伊勢神宮かなんかの暦でしょうか？」

「いや，理学部の連中に科学的なコヨミを作らせるのだ」

“南原構想”による「東大暦」は実現しなかったが，とにかく，東大戦没学徒の手記を集めた東大学生自治会戦没学生手記編集委員会編の『はるかなる山河に』は昭和22年12月出版され，ベストセラーになった。巻頭は南原の「戦没学生にささぐ」，序文は辰野隆，「戦没学生の手記に寄せて」は三井為友が，「失われなかった人間性」は野元が書いた。造

本構成は出版に際しての助言者清水博が行い，表紙の海の写真は，清水がカメラマンを連れて伊豆の海を撮した。

ところで右翼の学生からは「この本は女々しい。これらは当時の学生の特殊な例であり，われわれは，もっといさぎよかった」と抗議があったが，遺族たちからは「自分の息子の真実が世に出たことを感謝したい」という意味の手紙が数多く編集委員会に寄せられた。

次に全国戦没学生の手記・書簡集『きけ　わだつみのこえ』を刊行すべく「日本戦没学生手記編集委員会」が東大協同組合出版部の中に作られたのは，翌昭和23年の春であった。渡辺一夫，真下信一，小田切秀雄，桜井恒次を編集顧問に，野元，中村，別枝，稲垣倉造，赤司正記，吉岡昭彦たちが編集委員となり，その他野口肇たちも出版に協力した。また多くの団体が外部から支援した。

『はるかなる山河に』の時にくらべて遺稿は，いっそう多く集まった(309人)。この中から75人の手記・書簡を収録，昭和24年10月，渡辺一夫の「感想」と小田切秀雄の「解説」を付して出版した。書名の「きけ　わだつみのこえ」は，2000通に上る応募の中から，藤谷多喜雄（京都）の“なげけるか　いかれるか　はたもだせるか　きけ　はてしなきわだつみのこえ”からつけた。感想と解説を敢えてつけたのは，「この書に満ちている，真実を見る目をふさがれ，虐げられ，酷使され，そして殺されていった若いすぐれた人々の痛切な訴えが，却って，再びまた戦争を招来しようとする人達によって，逆用されることを心配した」編集委員会の配慮によるものであった（筆者注＝以上の新聞掲載記事には「見出し」があるが削除。文中の敬称は略。)。

3

日本戦没学生記念会（わだつみ会）の結成

『きけ　わだつみのこえ』が出版された半年後の1950（昭和25）年4月22日，日本戦没学生記念会（通称「わだつみ会」）が中村克郎氏たちの努力で結成された。渡辺一夫氏が貸してくれたドイツ語版のエラスムス『平和の訴え』を中村氏が読んだことがひとつのきっかけではあったが，当時の国内・国際情勢の中での危機感といったものが結成の大きな理由であったと思われる。1950年はコミンフォルムによる日本共産党の「平和革命論」批判（1月6日），ブラッドレー米統合参謀本部議長の「沖縄など日本の軍事基地強化」声明（31日），中ソ友好同盟相互援助条約調印（2月14日），原爆使用禁止を求めるストックホルム・アピールの発表（3月15日），吉田茂首相が全面講和論の南原繁東大総長を「曲学阿世の徒」と非難（5月3日），GHQのマッカーサー元帥が日本共産党の非合法化を示唆（5月3日。さらに6月6日，同党の中央委員全員24名の追放を指令），そして朝鮮戦争の勃発（6月25日）……という激化しはじめた“米ソ冷戦”の時代の流れの中で，日本が戦争にまきこまれ，ふたたび若者たちの血を流させてはいけない，流したくない，という痛切な願いが「わだつみ会」を結成した人たちの大きな動機であった。

こうした平和を求めるわだつみ会の動きに呼応する形で『わだつみのこえに応える――日本の良心』（東大協同組合出版部）が6月出版された。これは杉捷夫・藤原咲平・出隆・上原専禄氏など30名ちかい著名文化人たちの感想文を集めた本で，“反戦平和”のこえをあげ，行動を起こすことが，いま必要であることを訴えた。たとえば杉氏はこう記す。

> 我々は沈黙を守るべきなのか？　黙らされていいのか？　君達の声を冷笑する人々に，どんなにうるさがられようとも，私は黙らない。わだつみの声がきこえる限り，私が生きている限り，私は黙らない。これは君達の声に応えるたった一つの道ではないのか？

そして同じ月の6月15日には，わだつみ会の仕事の一つである映画「きけ，わだつみの声」（監督・関川秀雄，構成・八木保太郎，脚本・舟橋和郎，東横映画＝後の東映）が完成，公開された（『はるかなる山河に』に「感動した」という東横映画の坪井与氏からの映画化の申し入れがきっかけであった)。敗戦間近かのビルマ戦線が舞台で，ラストシーンで伊豆肇が扮する学徒兵が降伏の白旗をかざし，旧制第三高等学校の寮歌を歌いながら“弾雨”の中に消えていくシーンに象徴的なように戦争の残酷・非情さと，無意味さとを憎み，平和の大切さを鋭く訴えた映画であった。さらに1995（平成7）年6月，同名の映画（監督・出目昌伸，脚本・早坂暁，東映・バンダイ提携作品）が日本の敗戦50年を記念して全国上映された（筆者注＝この二つの作品は現在，東映株式会社のビデオで観ることができる)。

わだつみ会は，また新制作派の彫刻家・本郷新氏に「わだつみ像」の制作を依頼した（像の台座のデザインは丹下健三東大工学部助教授によって進められた)。

「ふたたびわだつみの悲劇をくりかえすな」「わだつみのこえにこたえて」などは，当時の学生・青年層ばかりでなく広く国民各層の合言葉となっていき，そして『きけ　わだつみのこえ』は英・仏・独・朝鮮・エスペラント語などにも翻訳され海外でも広く読まれた（なお『はるかなる山河に』は『きけ　わだつみのこえ』の編集にとりかかる前の1948〈昭和23〉年の春，20万部ほど売れた時点で絶版)。

『雲ながるる果てに』が出版される

1952（昭和27）年6月，白鴎遺族会編『雲ながるる果てに――戦没飛行予備学生の手記』が日本出版協同株式会社（代表・福林正之氏）から出版された。同会は1943（昭和18）年9月，第13期海軍飛行専修予備学生として三重，土浦の両海軍航空隊に入隊した人びとの中の生存者と，フィリピン，台湾，沖縄などで戦死した人たちの遺族とが，日本の敗戦直後につくった会であり，戦没者遺家族への援護，その他の活動が認められて1951（昭和26）年暮，遺族会としては全国で唯一の「社団法人」の認可を受けた組織である。

同書の「発刊の言葉」として同会の杉暁夫理事長はこう記す。

略……『きけ　わだつみのこえ』という本が刊行され，そしてそれが当時の日本の青年の気持の全部であったかのような感じで迎えられ，多大の反響を呼んだのであります。確かにああした気持の者も，数多い中には相当居ったことと思います。しかしながら，それが一つの時代の風潮におもねるがごとき一面からのみの戦争観，人生観のみを描き，そしてまた思想的に或いは政治的に利用されたかの風聞をきくにおよんでは，「必死」の境地に肉親を失われた遺家族の方々にとっては，同題名の映画の場合と同様に，あまりにも悲惨なそれのみを真実とするには，あまりにも呪われた気持の中に放り出されたのではないかと思います。……略……当時の散華していかれた方々の気持はもっと淡々とした，もっと清純なものであったことを信じて，これを世に訴えるべきと思ったのであります。……略……遺族の方々の身になってみれば，遺族がほんとうに望んでいる亡くなった人びとの叫びを偽りなく出すべきではないかと思ったのであります。私達はいたずらに死を讃美するものではありません。しかしながら死という人生の最終の段階までに到達した時に脈々とわき上ってくる気持こそ，真実の叫びだと思うのであります。或る者は「天皇陛下万歳」と叫び，或る者は死の一瞬に「お母さん」と叫んで突入してゆきました。……略……軍隊という一つの組織の中にはめられ，なかんずく「神風特別攻撃隊」という枠の中に押し込められて，むりやりに突入させられたかのように言われておりました特攻隊員の中の準士官以上すなわち指揮官の実に八割五分までが学徒出身の飛行予備学生であったという事実は，歴史の記述においても重視せられるべきだと思います。この人びとの遺した心の記録こそ現在の日本の国民の一人一人が，それぞれの立場から自分自身の血とし肉とすべきものを汲みとるべき重要なものを含んでいると思います。そのためにも主観を交えずにありのままの姿で出すべきであると思うのであります。……以下略……

本書は日本出版協同株式会社から河出書房新社に出版がひきつがれ（1967〈昭和42〉年），その後河出文庫，増補版として版を重ね，また1992（平成４）年，日本図書センターから〈平和図書館「戦争と平和」市民の記録１〉として出版されている。

4

「わだつみ像」を建てない東大

さて，わだつみ会が進めていた平和のための記念像「わだつみ像」（前記）の建立の経緯はどうであったか？

本郷新氏の制作による像が完成したのは1950（昭和25）年の秋であった。わだつみ会では本郷氏とも相談し，東京大学の構内（中央図書館の藤棚のわき）に建てることを予定し，南原繁総長の了解も得た，と思っていた。しかし東大当局との交渉に入ると，その態度がはっきりしない。そして評議員の教授を一人ひとり訪ねて意見を聞いてみても，建立についての態度を明らかに示してくれる人がいない。中には「最高学府で“国立”の東京大学は，国家の機関なのだから国家の命ずる方針にしたがわねばらなぬ」「それは当然の義務であります」などと言う教授もいた，という。

開戦記念日の12月８日に像の除幕式を，と考えていたわだつみ会の関係者たちの願いは，12月４日の東大の評議員会での「わだつみ像を東大構内に建てることはしない」という決定によってかなえられなくなった。そしてこの決定に異議をとなえる人もなかった，といわれている。朝鮮戦争，米ソ対立の激化，国内的にはレッド・パージ……という時期の出来事であった。

なお1995（平成７）年４月刊の『兄の影を追って――託された「わだつみのこえ」』（中村克郎・聞きて稲葉千寿，岩波ブックレット）の中で，中村氏は次のように語っている。

……略……東大の最高議決機関である評議員会で，設置拒否が決定されたのです。政治的理由からでした。つまり，将来，学生運動が全国的に起こるような傾向になったときに，「東大のわだつみ像の前に集まれ」てなことになっては困る，ということなんです。実際，数十年後に安田講堂のようなことがあったんですけどね。

でも，私を呼び出した石井事務局長は，

「像は男子裸体像であるが，本学には女子学生もおり，女子学生の教育上好ましくない。女子トイレの問題で今，頭を痛めているのに，裸体像は新たな問題を投げかけることになる」

と，意外な論理を広げたのです。私は，

「それなら喜多川歌麿の絵のように，男女交遊の図のようにすれば，喧嘩両成敗で，いいんですか」

と返したんです。事務局長はムッとして，こう言いました。

「不謹慎なことを言うんじゃない。君はもっと真面目な男かと思っていた」

「不謹慎なのは，事務局長じゃありませんか。真面目も真面目，こんな大真面目な彫刻を作って，それを見た女子学生が興奮するだろうと考える方がよほど劣情の固まりじゃありませんか」

って，私は言ってやりましたよ。そしたら，今度は，

「東大構内に設置される銅像，記念碑の類は，本学の学術，教育に著しく貢献した者に限る」

と言いだした。それにも私はカチンときて，

「いったい，戦没学生は，学術，教育に貢献しようとして本学に入ったんじゃないですか。私の兄なんかは，皆クラスメートの方たちが言っていますよ。徳さん（筆者注＝兄の中村徳郎氏）は生きていれば，エヴェレストの世界初登頂をやり，日本山岳会の会長になり，

東大の総長になる人間だったって。どこでどう死んだかも分からない戦没学生は，かわいそうじゃありませんか。どうぞ建ててやってください」

と，さすがに泣き声になってしまいました。

「君も評議員会に出て，その説明をしてくれればよかったんだ。しかし，もう一旦決まっちゃったんだから。評議員会のことは一事不再審だからしかたがない」

と，事務局長は言いました。そんなやりとりがあったんです。

それですぐに，「わだつみ像設立拒否反対集会」を，東大で開いたのです。講師には宮本百合子さんが来て下さいました。風邪を引き込んでおられたのですが「ほんの5分，10分よ」と，引き受けて下さったんです。

宮本さんの話は，宮本百合子全集の追補の別巻に載っています。といっても，宮本さんが用意された原稿です。速記しておかなかったのが悔やまれます。宮本さんは予定をオーバーして力説され，

「わだつみ像は頑迷怯懦（きょうだ）なる東大当局によって，その設立を拒否されました。しかし，まさにその故に，東大内に建てられなくてはならないのであります」

という言葉で締めくくられました。拍手喝采でした。

しかし宮本さんは，ずいぶんお疲れになった様子で帰られ，これが宮本さんにとって最後の外出となってしまったんです。急性白血病で亡くなられたのは，翌1951年1月のことでした。通夜の席上で久米正雄氏から，

「百合子さんはわだつみ会が殺したっていうじゃんか」

と言われ，返す言葉がありませんでした。

わだつみ像は結局そのまま，本郷さんのアトリエに置かれることになって。

それが，その年の五月祭のときに1日だけ，といっても午前11時

ごろから夕方の４時ごろまで数時間ですが，本郷新さんのアトリエから，東大の中に建ったことがあるんです。

「“平和の像”西へ行く」

1952（昭和27）年の春，京都の私立・立命館大学の学生たちの間に「わだつみ像をわれわれの大学の構内に建てよう」という声があがり，末川博学長をはじめ教職員，学生有志たちは，その実現のために活動をはじめた。そして大学からの積極的な資金援助も行われることになった。

わたくしたち『圖書新聞』編集部では年末発行の新年号（1953〈昭和28〉年１月１日号）の第１面に，この動きを大きくとりあげることを編集会議で決め，筆者として戦没学徒の遺族の一人で，わだつみ会理事長の柳田謙十郎氏に，わだつみ像建立までの経緯と，氏の感想の執筆を依頼した。

第１面の新聞の題字横に「“平和の像”西へ行く」という６段の縦見出しと，わだつみ像の写真，「立命館大の庭に　受難のあと辿る」という横見出しの柳田氏の文章に対しての読者からの投書は多く，とくに“政治情勢”によって態度を変える東大当局を鋭く批判した部分への共感と，立命館大学の末川学長たちの活動をはげます意見が寄せられた。

わだつみ像は1953年11月11日，トラックで京都に運ばれ，市中では歓迎のデモ行進も行われた。しかし，この日には流血の「荒神橋事件」も起こった。それは，８日から京都大学，同志社大学，立命館大学を会場に「学園復興会議」が開かれ，全国から多数の学生が集まっていた。ところが京都大学の会場使用のことで大学当局と学生側とで争いが起こり，11日，京都大学から立命館大学へ向かう学生たちが，鴨川の荒神橋を渡ろうとしたところ“不法デモ”を理由に検束しようとした中立売署の警官たちともみあいになった。そして警官に押された学生10余人が，欄干の崩壊で５メートル下の河原に落ち，流血の惨事となったのである。

こうした事態の中で，わだつみ像の建立除幕式は12月８日の太平洋戦争開戦の日に同大学で行われ，無事に大学の校庭に建てられたのである。(なお学園紛争さなかの1969〈昭和44〉年5月20日の朝，像が「暴力的集団」によって“ひき倒され”た。しかし全国から寄せられた“像再建を”との声を受け，本郷氏は制作をひきうけた。1997〈平成9〉年9月現在，同大学の国際平和ミュージアムの玄関ホールに再鋳造されたものが建っている。このほか世田谷区立美術館〈東京都〉，神奈川県立近代美術館〈鎌倉市〉，北海道の本郷新札幌彫刻美術館，札幌の私立北海高校，長万部平和記念館などにも像がある)。

5

光文社が続編（『第2集』）を刊行

さて『きけ　わだつみのこえ』(1949〈昭和24〉年10月，東大協同組合出版部刊）は短期間のうちに10万部を超えるベストセラーになり，以後版を重ねていったが，1952（昭和27）年2月，東大協同組合出版部の後身である東京大学出版会から“新書版”で出版された。この本の「あとがき」の筆者は，日本戦没学生手記編集委員会から中野好夫氏に変わった。中野氏は，敗戦からわずかしか経っていないにもかかわらず朝鮮戦争の勃発など，平和をおびやかす危機が立ち現われてきたいま「ふたたび『きけ　わだつみのこえ』が新しい決断をもって読み直されなければならない。……ただその確信のみが，わたくしたちをして，……一人でも多くの若い人々の手に贈りたいと願わせるのである」と記している。新書という手ごろな廉価版にしたことも，こうした意図の一つのあらわれであったようである。

日本戦没学生記念会（わだつみ会）は1959（昭和34）年10月，東京大学出版会の了承を得て記念会監修の『新版　きけ　わだつみのこえ』を出版した（光文社・カッパ・ブックス)。東大協同組合出版部からの初版刊行から10年目であった。立命館大学の末川博学長の「はしがき」，新たな時点に立って初版の旧稿を改めた小田切秀雄氏の「解説」を新たに加え,「年表はとくに当時の軍国主義教育と，学生生活圧迫の歴史に留意した内容を，注は当時の学生気質に刻印を押している軍隊事情や社会事情を説明する内容を盛るべく，それぞれ山下肇氏，安田武氏を中心につくられた」(日本戦没学生記念会のあとがき)。

わだつみ会は前年の1958（昭和33）年の夏「学生のみの団体としてはいったん発展的解消をとげ，ふたたび新たな構想と必然性をもって，34年6月活動を開始した」(同上のあとがき）わけだが，この新版の発行は“再建わだつみ会”の最初の仕事であった。

そして，もうひとつの大きな仕事は『きけ　わだつみのこえ』の続編の刊行だった。1961（昭和36）年4月，わだつみ会の総会でこのことが正式に決定され，ただちに中村克郎，鈴木均，橋川文三，安田武，山下肇の5氏が編集委員となり，約1年の準備期間を経て，1962（昭和37）年の3月から本格的な編集作業に入った。そして新たに戦後世代に属する和泉あき，板橋好三，高橋武智，中村正則，古山洋三，米川伸一の6氏が編集委員として加わり，戦中派世代の上記の5氏との共同作業によって1963（昭和38）年2月,『戦没学生の遺書にみる15年戦争』が光文社のカッパ・ブックスとして出版された。“学徒出陣20周年”の年であった。この本も版を重ね，1966（昭和41）年11月,『きけ　わだつみのこえ　第2集』と改題して同じカッパ・ブックスとして出され，さらに1960（昭和35）年8月，第1集と第2集がそれぞれ上・下巻の表示で「光文社文庫」として刊行された。さらに1995（平成7）年6月,『名著復刻　きけ　わだつみのこえ』の第1集，第2集も同社から出された。

『第2集』の編集方針と特徴

ところで『第2集』は『第1集』に収められなかった手記と，新たに集めたものの中から47名が選ばれ収載されている。本書の「はしがき」は阿部知二,「プロローグ＝永遠の別離」，第1部は満州事変から太平洋戦争勃発まで，第2部はマレー沖海戦から学徒出陣まで，第3部は学徒出陣から敗戦までの時代別に遺稿が収められ，各部にはそれぞれ年表と概説，そして本文には〈註〉として当時の軍用語解説を入れ，現代の若い読者の理解に役立つように配慮，編集されている。「エピローグ」，戦没者の略歴，わだつみ会による「あとがき」と「第2集『きけ　わだつみのこえ』刊行にあたって」が巻末に置かれている。

15年戦争で生命を失った学徒への哀惜と鎮魂，そして，その死を無にしないための不戦と反戦に役立てようということでは『第1集』と『第2集』の編集方針は共通しているといえるが，『第2集』の編集委員たちには次のような考えと編集の方針があった。学徒出陣した委員の鈴木均氏は光文社文庫版の『下巻』（筆者注＝ほかの版では『第2集』と表示）の「あとがき」で次のように記している。

> ……略……上巻（筆者注＝『第1集』）においては，渡辺一夫氏がその「旧版序文」で書かれているように，さまざまな討議が重ねられた末に，「かなり過激な日本精神主義的な，ある時には戦争謳歌にも近いような短文」は，むしろそれらのことを書き綴らせるに至った軍国主義下の酷薄な条件を物語っているのであり，ひとまず「これらの痛ましすぎる声は，しばらく伏せた方がよい」という結論に達し，そうした文章は注意深く除かれていた。この判断は，ほとんど正しかったのだと私は思う。がしかし，同時代の生き残った青年たちにとっては，その結果できあがった上巻が，反戦，厭戦一色に塗りつぶされてしまったという違和感がどうしても，拭い去ることができなかった。このような考え方をする学徒兵のグループ，たとえば第13期飛行科予備学生たち（白鴎会）は，ただちに『雲流るる果てに』を刊行するようになる。

そして鈴木氏は『下巻』の編集にあたった「再建わだつみ会」は，第1期わだつみ会に比し，戦場から生還した学徒たちが会の中心におり，これら“戦中派”は，同時代を生きた学生として，白鴎会の人びとに代表される『上巻』に対しての違和感をも「内在的に感じとることが可能であった」として，こう記す。

> だからまず，「ふたたび戦争の惨禍を許さぬよう戦争体験の伝承と継承」に心がけることを第一義とし，その体験の過不足のない伝達を心がけ，極力，政治的偏向などと，「会」の本旨を曲解，非難される余地のないような運動の在り方を注意深く，しかし強力に展開しようとした。もちろん「下巻」の編集方針にそのことが生かされたのはいうまでもない。
>
> 前記したような批判を超えるためには，「十五年戦争」を惹起し，ついに全日本の大部を焦土と化さしめ，200万余の日本人を死に至らしめた「歴史の全構造」，そのことによって「痛ましすぎる声」といわしめた学生たちの愛国的心情から，国家と個人のはざまにあって苦悩しながら果てた，あるいは彼の祖国愛にもかかわらず非人道的かつ，非合理的な国家権力の悪に充分に醒めた批判眼をもち，しかもなお戦死せざるを得なかった学生たちに至る幅広く，奥深い全人間像を時代の推移するなかで，まるごととらえようと試みたのが「下巻」であった。……以下略……

『第２集』が出版された時期は，敗戦から18年が経ち，戦争の実態を知らない世代も増えてきたわけだが，1960（昭和35）年の“安保闘争"そしてベトナム戦争へと戦火が拡がる中で，この「平和の熱願」の書を「亡き友人たちに代わって発行することになったわけである」(鈴木氏)。

6

岩波文庫と『新版』の刊行

戦前・戦中，岩波文庫を愛読した学生は多く，軍隊や戦場へ携えて行った者もいたが（日本の軍国主義化が進み，強化された言論統制によって岩波文庫も公刊する書目の幅は狭められていた)，わだつみ会では東京大学出版会と光文社の諒承を得て岩波書店から『きけ　わだつみのこえ』（筆者注＝「第１集」の表示はない）を出すことを総会で決めた。底本は東大協同組合出版部版を使用し，光文社のカッパ・ブックス版も参照した。1982（昭和57）年７月16日第１刷発行の岩波文庫版の「あとがき」で「いままでこの書物の編集にたずさわった者としてなにも語らなかった」中村克郎わだつみ会理事長が本書成立の経緯などをくわしく書いた。

1988（昭和63）年11月16日第１刷の『第二集　きけ　わだつみのこえ』も同文庫として出版された。底本は光文社の諒承を得て，光文社文庫版『きけ　わだつみのこえ』下巻と，カッパ・ブックス版『戦没学生の遺書にみる15年戦争』（筆者注＝後に「第二集」と改題）を参照した。平井啓之氏が「あとがき」を書いた。

そして1995（平成７）年12月18日，『新版　きけ　わだつみのこえ』の第１刷が岩波文庫として出版された（この文庫判を拡大したワイド判は1997〈平成９〉年９月16日，第１刷発行)。

“新版”と書名にあるように，これまでの諸版の『第１集』を抜本的に改訂し，遺稿の元のままの内容と姿とを可能な限り復元しようとした。本書の巻末の「新版刊行にあたって」でくわしく述べられているが，新版の特徴の第１は，遺稿本文の確定，いわゆるテクスト・クリティークを厳密に行ったこと，第２に，改訂作業にあたった者の恣意を避けて，戦没学生一人ひとりの全体像が再現されるよう細心の注意を払ったこと，第３に旧版のⅠ，Ⅱ，Ⅲの区分を踏襲しながらも，Ⅰを日中戦争期，Ⅱをアジア・太平洋戦争期，Ⅲを敗戦，として遺稿の配列を組みかえ，それぞれの時期の特質と問題性を鮮明にしようとしたことである。なお旧版では75名の遺稿が収録されていたが，新版では74名になっている。それは“生きていた戦没者”としてマスコミでも話題になった岡本馨氏の文章を当然のことながら収載しなかったからである。そして「旧諸版の読者に心からお詫びしたい」と率直に，わだつみ会としての責任を公にした。

敗戦後50年近くが経ち，遺族も次第に亡くなっていく中での改訂作業は困難がともなったものと思われるが『きけ　わだつみのこえ』(第1集）の“決定版”をめざして作業をつづけてきたわけである。

『新版』への批判と反論

1997（平成9）年9月特別号の『文藝春秋』誌に「『きけ　わだつみのこえ』は改竄されていた」という記事が載った。筆者はノンフィクション作家の保阪正康氏で「新版には新たな操作があったり，意味不明の注釈があったり，旧版と同じような，あるいはそれ以上の誤りがあることに気づく」として，上原良司，田辺利宏，和田稔，中村徳郎等々についての誤り，また，わだつみ会への疑問，木村久夫についての五十嵐顕東大名誉教授（故人）の幾つもの文章と，五十嵐教授の戦時中の姿への批判，そして木村の遺稿が“良心派”なる者たちの材料に利用されていることと，戦犯裁判への一方的な解釈，など14頁にわたって述べている。

これに対し，同年11月号の『論座』(朝日新聞社）に，わだつみ会理事長の高橋武智氏の「よみがえる『わだつみ』の力　『文春』誌上の保阪氏を駁す」という反論が発表された。保阪氏が〈改竄〉と断定するのは「言いがかり」でしかなく，わだつみ会の政治性云々も的外れな非難にすぎない。また，その背景には，わだつみ会と『きけ　わだつみのこえ』の歴史に対する氏の誤解や認識不足が横たわっている，として8頁にわたって反論している。ところで，反論は同一の雑誌に載るというのが普通だが，読者の異なる『論座』に掲載されたのはなぜなのだろうか。『文藝春秋』が拒否したのか，反論者が『論座』を選んだのか？（なお保阪氏は文章の終わりで「本稿は加筆・補筆のうえ単行本化の予定」と記している。　(1997年10月記)

〔追記〕1999年11月，保阪氏の『「きけわだつみのこえ」の戦後史』が文藝春秋から刊行された。

Ⅶ　1960年「安保条約改定」反対運動の攻防

——圖書新聞記者として，その渦中に

1

岸首相の執念は「日米軍事同盟の強化」

1945（昭和20）年８月15日の終戦，そして連合国軍（アメリカ軍）による占領期間を経て日本が「独立」したのは1952（昭和27）年４月28日であった。対日平和条約とともに締結した日米安全保障条約（以下「安保条約」と略）は，米ソ冷戦下におけるアメリカと日本との軍事同盟条約であり，戦争放棄を宣言した日本国憲法の上に立つ“超憲法”的な条約であった。

６年が経過した1958（昭和33）年の９月12日，藤山愛一郎外相とダレス国務長官は安保条約改定合意の声明を発表，10月４日，藤山外相とマッカーサー駐日大使との間で交渉が開始された。しかし11月13日，藤山外相は「国会が正常化するまで交渉を延期する」と言明した（それは10月８日，政府が警察官職務執行法改正案を国会に提出，11月４日，政府・自民党が衆院の会期30日延長を強行して国会が紛糾したからである）。

そして，翌1959（昭和34）年２月18日，藤山外相は政府・自民党首脳との会談で「安保条約改定試案」を発表した。これは岸信介首相にとっての執念である「日米新時代」への幕開きともいえるものであった（首相は1957〈昭和32〉年６月訪米，21日，日米共同声明を発表し，日本とアメリカとの新しい同盟関係＝日米新時代を強調した。また1958〈昭和33〉年10月15日，首相はアメリカのNBCのブラウン記者に「今の日本の憲法では戦争もできなければ海外派遣もできない。けれども，この憲法が制定された当時と比較して今日の国際情勢は急速に変わっている。

日本は自由世界の一員として，その共同防衛のために安保体制を強化せねばならず，今や日本国憲法の第九条を廃棄すべき時に来た」と語った)。

吉田茂元首相も同年の12月11日付『産経新聞』紙上でこう発言した。

いわば守ってもらう関係から共に守る関係に前進する。これはもとより，日米両国が世界政治の上で，運命を共にせんとするからである。わが国は反共・自由国家群の先陣，前衛たる地形をなす。台湾，比国，インドネシアなどとともに反共陣営を結集し，欧州におけるようなNATOに対して，極東における対共防衛線としての全太平洋集団防衛機構を組織し，東西呼応して世界の平和を擁護する集団の中核をもって自ら任ずべきである。

「……新安保条約構想が事実上の北東アジア条約機構(NEATO）にほかならないという，ことの本質が，次第に明らかになってきた」(日本ジャーナリスト会議40年史刊行委員会編，松田浩・岩切信著『ジャーナリスト運動の軌跡　上』日本ジャーナリスト会議刊）わけである。

安保条約改定阻止国民会議の結成

こうした政府・自民党の動きに反対するため前記の「安保条約改定試案」の発表から40日後の1959（昭和34）年３月28日，「安保条約改定阻止国民会議」(以下「国民会議」と略）が結成された。これは前記の警察官職務執行法改正案に反対する「警職法改悪反対国民会議」(1958〈昭和33〉年10月13日結成）の組織をひきつぐ形でつくられた連絡・協議機関であった。幹事団体は日本社会党，日本労働組合総評議会（総評)，中立労働組合連絡会（中立労連)，平和と民主主義を守る東京共闘会議，日本平和委員会，原水爆禁止日本協議会，憲法擁護国民連合，日中国交回復国民会議，日中友協協会，人権を守る婦人協議会，全国軍事基地反対連絡協議会，全日本農民組合連合会，青年学生共闘会議の13団体で，日本共産党はオブザーバー団体として参加した（しかし，日本共産党は

1960〈昭和35〉年4月以降の戦術会議では有力な発言者となった。なお総評を脱退した全日本労働組合会議は不参加)。百数十団体が結集したこの国民会議は年末までに10回の統一行動を行ったが，各地でも安保共闘が結成され，6月末には岩手と山形を除く全国都道府県で統一行動が行われはじめた。

知識人たちも3月23日，はじめて安保改定を批判する声明を発表，3000人余の学者，研究者，評論家，芸術家たちが声明支持の署名を行った。7月7日，上原専禄，青野季吉，末川博，務台理作，城戸幡太郎，清水幾太郎氏たちは「安保問題研究会」を組織した。また日本ジャーナリスト会議（以下「JCJ」と略）の呼びかけで「安保批判の会」が作られた（11月9日)。常任世話人は石川達三，中島健蔵，松岡洋子，三宅艶子，瀧沢修，亀井勝一郎，江藤淳，小林雄一，竹内好，深尾須磨子，田中寿美子，松山善三，村田知栄子，組織を代表して日本文芸家協会の青野季吉，俳優座の千田是也，国民文化会議・南博，自由人権協会・海野晋吉，国際法律家連絡協会・長野国助，日本キリスト教団・平山照次氏たちであった。JCJが事務局の役割を果たしたこの「安保批判の会」は文化人とジャーナリストとの連帯によって安保改定阻止の運動を展開していった（なおJCJは機関紙『ジャーナリスト』の号外の形で「ジャーナリスト・安保批判の会特集号」を発行。またブックレット『危険な条約〜安保問題・偽らざる報告書』〈JCJ編，11月刊，日本評論新社の『月刊労働問題』の別冊付録の形をとる〉を刊行し，5万部を普及した。なお1960〈昭和35〉年5月15日から発行した機関紙の「安保特集・臨時号」〈通算10号〉は計21万部に達した。また同年8月15日，安保闘争の記録をまとめた写真集『主権者の怒り〜安保闘争の記録』を刊行した）。

出版労協，国民会議に正式参加

ところで私たち圖書新聞社労働組合が加盟している日本出版労働組合協議会（以下「出版労協」と略・楢橋国武委員長）は11月18日，「安保改定阻止・争議団支援・年末要求貫徹・総決起大会」(東京・豊島公会堂,各出版社の労組から1300余名参加)を開き,国民会議の第8次と第9次の統一行動には「ストライキをもって立ち上がれ」と各労組に檄をとばした(筆者注=「争議団支援」とは激化した主婦と生活社,英語通信社争議の支援のこと。なお出版労協が国民会議に正式参加したのは1960〈昭和35〉年1月28日。ただ同会議の幹事団体「平和と民主主義を守る東京共闘会議」には既に常任委員を1名派遣していた)。

国民会議の第8次統一行動が予定されていた11月27日の早朝,政府・自民党はベトナム賠償協定(205億1600万円を賠償金の名目でベトナム民主共和国〈北ベトナム〉を無視し,南ベトナム政府に渡すこと)を強行採決,衆院通過をはかった。これに抗議した第8次統一行動は全国で650ヵ所,350万人が参加したが,出版労協の各組合でも職場集会を開いた後,国会へのデモを行った。そして労働者,学生などのデモ隊は国会構内に突入し,「佐倉宗五郎や田中正造の直訴のように『国民』にかわって『直訴』型の請願行動をした」(日高六郎編『1960年5月19日』岩波書店)のである。政府は,この「国会突入事件」を利用して統一行動を誹謗したが,出版労連30年史刊行委員会(文=太田良作・橋本進・森下昭平)『出版労働者が歩いてきた道』(高文研)を参考にして以後の動きを略記してみよう。

▽12月10日=国民会議の第9次統一行動では全国750ヵ所でスト・集会・デモに400万人が結集。出版労協の各組合は,一斉時限スト,職場集会などを開いた。なお,この日,暴力団が主婦と生活社労組員を襲った。

▽1960(昭和35)年1月14日=国民会議は第11次統一行動を組織,全国各地で,岸首相を首席代表とする全権団の渡米(安保条約改定交渉が妥結し,調印のためワシントンへ)に抗議する集会を開いたが,羽田空港での抗議はとりやめた。

▽1月16日=岸首相は羽田空港までの沿道を武装警官隊で固めて渡米

する。このとき全国学生自治会総連合（以下「全学連」と略）の主流派は空港ロビーを占拠して警官隊と激しくわたりあった。以後，国民会議の指導方針と戦術をめぐる論議が激化する。

▽1月19日＝日米新安保条約と行政協定が調印される（24日，民主社会党〈略称・民社党。西尾末広委員長〉が結成された。西尾氏たちは前年の7月に「安保解消への具体策が必要だ」として，「安保改定阻止」の日本社会党の方針に公然と反対していた）。

▽2月5日＝新安保条約が国会に提出され，批准のための審議が始まった。「極東の範囲」や「事前協議」などについての政府答弁は，野党の追及に二転，三転し，安保改定の危険な本質が明るみに出た。

▽4月8日＝出版労協中央執行委員会は「ゼネストで新安保批准を阻止しよう」というアピールを機関紙『出版労協』の号外に掲載。

▽4月26日＝警視庁は前年11月のデモ隊の「国会構内突入」を口実として国会周辺のデモを認めないという態度をとったが，国民会議は首都の大衆行動を前進させるため「国会請願」という新しい戦術を決定した。これに対し「実力阻止」を叫ぶ全学連主流派は，これを「葬式の“お焼香デモ”だ」と嘲笑した。しかし，この日の第15次統一行動では，デモ隊が終日国会を取り囲んだ。そして，この日までに538万1000人の「請願署名」が集まっていた。一方，岸首相は4月26日までに衆議院を通過させる予定だったが，この国民の圧力の前に果たせなかった（なお韓国の首都ソウルでは学生を中心とした激しいデモが続いていたが，4月27日，李承晩大統領を辞任に追いこんだ）。

▽5月19日～20日未明＝アメリカ大統領アイゼンハワーが日本に来る予定の6月19日までに新安保条約を成立させようと焦った岸内閣は条約自然成立のタイム・リミットである5月19日夜，数千人の警官隊と多数の装甲車で国会を囲ませて，500人の警官を議事堂内に入れ，社共両党の議員を排除したうえで，会期の50日延長を単独採決，つづく20日未明の衆議院本会議で新安保条約の批准を単独で採決した。

2

幅広い層の人たちが反対運動に参加

この“強行採決”の５月20日から反対運動は，さらに激しくなり，労組の無い中小規模の会社で働く人たち，商店主，自由業者，主婦その他の幅広い層の人びともデモに参加，また地方の都市や農村でも安保反対のデモをするところが少なくなかった。群馬県では1000軒余の商店主が抗議のための24時間の“閉店スト”を行った。21日夜，国民会議主催の集会（東京・日比谷公園）では「アイゼンハワー米大統領の訪日反対」が決議された。26日，自民党と自民党系の小会派だけで参議院本会議を開いて会期の延長を議決，これに抗議する17万5000人余のデモが国会を包囲した。夜になってデモ隊は銀座へ出，両手を水平にして手をつなぎ道幅いっぱいにして歩く“フランス・デモ”をした。警察は，これを規制する力を失っていると，私には思われた。

出版労協の隊列の中にいた私たち圖書新聞社労働組合員が数寄屋橋の辺りを歩いていると，背の高い男の人が私たちの所に来て手をつないで歩き始めた。談話の取材や寄稿でお世話になっている作家の高見順氏であった。

「組合員が連日連夜国会に押しかけ，その数は，いつも500名を下らず国会周辺に出版労協の旗を見ない日はなかった」(『出版労働者が歩いてきた道』)が，週刊新聞の発行で超多忙な私たち圖書新聞社労働組合員も編集・営業・総務の仕事をかかえながら，それぞれの“やりくり”で統一行動に参加した。半蔵門から四谷方面に左折する通りの角の竹工堂ビルの３階に私たちの会社があったから国会議事堂は，いわば“ご近所”の一つであった。

いま最高裁判所と国立劇場などが建っているが，当時は，アメリカ軍のカマボコ型の兵舎をとりこわして広い空地になっていた。社の３階の窓から，そこに出版労協の旗，岩波書店，中央公論社，講談社，小学館，集英社，三省堂，有斐閣，筑摩書房，東洋経済新報社，平凡社，日本評論新社，大日本図書，大月書店，岩崎書店，理論社，角川書店等々の労組の旗が林立しているのが見えた。

久野収氏と鶴見俊輔氏が，夕方，デモの帰りに私たちの編集室に寄られたり，また哲学者の高桑純夫氏が昼過ぎに来られ，私との雑談の中で「学生たちは，いまや，たいへんな政治勢力になったネ」と言われた。

ところで全学連では3月の第15回臨時大会で，ブント主流派が日本共産党系，革共同関西派などの代議員を権利停止にし，全面的な主導権を握った。これに対して日本共産党系を中心とする反主流派は「東京都自治会連絡会議」を結成し，ブント全学連に対抗する運動を展開した。「ここに学生戦線は二分化の道に入ることになった」（高木正幸『全学連と全共闘』講談社）。

出版社の人たちの中にも全学連主流派を支持し，国民会議と出版労協の方針と行動を批判するものもあった。圖書新聞社労組でも“主流派支持”を言う人も少数ながらいたが，委員長の早川和延氏や鈴木利夫氏ら組合執行部の「様々な問題があっても分裂ではなく統一を強固のものにしていく行動を」ということが組合の多数意見で，国民会議・出版労協の統一行動に参加していった（そして個人の政治的信条により全学連主流派等々と行動を共にするときは，あくまでも個人の資格で，圖書新聞労組“有志”などと名乗らないこと，と早川委員長は強く言った）。

民主主義を守る全国学者・研究者の会が発足

次に文化人・学者たちの動きにふれてみると——

5月21日，中国文学者・都立大学教授の竹内好氏は「岸内閣のもとで公務員として教壇に立つことはわたしの良心が許さない」と，都立大学に辞表を提出した。そして友人たちに配布したあいさつ状（辞職理由）が新聞で報道され（『朝日新聞』は全文掲載，他の新聞は要旨），また他のメディアにも掲載されたので，このあいさつ状は「最初はその意図はなかったが，のちには公開状の意味をもつことになった」（竹内氏）。5月30日，竹内氏と同じ理由で哲学者・東京工業大学助教授の鶴見俊輔氏が大学に辞表を出した。

5月24日，安保問題研究会と安保批判の会の共催で「学者・文化人の抗議集会」（東京・神田，教育会館）が開かれ，2500人が集まった。そして国会までデモをし，代表団は岸首相に面会を求め，官邸外でデモをしていた学者・文化人たちは，今後の組織・運動についての活発な討論を行い，これが契機となって「民主主義を守る全国学者・研究者の会」が生まれた（6月2日）。そして各大学の教授有志は，あい次いで「反対声明」を発表した。24日の集会を取材するため圖書新聞記者として出席した私は，東大教授・丸山眞男氏の見解に共感した。それは，

> すべての事態は，あの真夜中の出来事（筆者注＝5月20日の単独での強行採決）を境として一変したということから，私たちの考え方と行動とを出発させるべきではないか。……いまや問題は，いちじるしく単純化された。……あの強行採決の事実を既成事実として認めることは，権力はなんでもできる，万能であることを認めることだ。権力が万能であることをみとめながら，同時に民主主義を認めることはできない。……岸政府は一挙に欲するものを得たかもしれない。しかし同時に民主政治のあらゆる理念と規範を脱ぎすて，単純な，裸の力として，私たちの前に立っている。私たちが，あの夜起こったことを否認する道は，ちょうどこれと逆の方法，つまり岸政府によって脱ぎ捨てられた理念的なもの，規範的なものを，ことごとく私たちの側に引き寄せ，これにふさわしい現実を私たちの力でつくり出して行くことである。（みすず書房のPR誌『みすず』1960年7月号に全文掲載）

5月28日，岸首相は記者会見の席上「認識の違いかもしれぬが，私は“声なき声”にも耳を傾けなければならぬと思う。いまのは“声ある声”

だけだ」。さらに「新聞は客観性を欠き，一方の反対論だけを取り上げている」と発言した。このため「声なき声の会」が東京だけでも，いくつかでき，その中の一つの会（28歳の中学校の女教師と映画助監督の発案で生まれる）の人たちは，6月4日，「誰でも入れる“声なき声”の会」のノボリを持って日比谷から歩き出し，田村町を経て新橋で解散する頃には300 人ほどの人がデモに加わり，以後一つの組織として活発に運動を展開していった。

竹内好「民主か独裁か――当面の状況判断」

締め切り直前の6月1日の午後2時頃だったかと思うが，外出先から帰社すると，先輩の唐木邦雄氏が私の机の所に来て「竹内好さんから原稿を預かってきたが……」と，400 字詰め9枚ほどの原稿を私の前に置いた。「きょうの午前，都立大学教授辞職のことなどの話を聞こうとお宅にうかがったのだが，この原稿を手渡された。掲載するかどうか読んでみて……」と唐木氏が言う。

新聞の第1面担当の私は，すでに柱となる特集記事（9枚）の原稿整理を終わっていたが，直ちに「五月三十一日現在における私の状況判断である。……」から始まる竹内氏の文章を読んだ。そして私とともに第1面の編集を担当している早川和延氏に原稿を渡した。

ところで私たち『圖書新聞』の編集部には“現実の政治状況・政界など”への直接的な論評は，総合雑誌や日刊新聞などの主たる仕事であり，私たちは，「雑誌や本を材料」にして，または，それらを媒体にして現実の政治を批評していく，という編集についての考え方があった。「本と雑誌の紹介・解説・批評」の仕事が書評新聞の基本であり本道，というのが編集者たちの共通の意識であった，と思う。

政治状況への直接の批評と提言である竹内氏の原稿は，この考えからすれば掲載しない内容のものであった。しかし，5月19日～20日の岸内閣と自由民主党による，衆院に警官隊を導入しての「新安保条約と会期

50日延長」の単独強行採決という事態と，それ以後の反対運動の高揚の中にいた私たちは“民主か独裁か”と訴える竹内氏のこの「当面の状況判断」を読者に対する一つの資料提供として，6月4日号の第1面に掲載することに決めた。「この稿に関しては私は著作権を放棄する」（筆者注＝竹内氏にことわらなくても自由に掲載できる。原稿料も無料）と，竹内氏はこの原稿の最初に記した。以後『日本読書新聞』など，いくつかの紙誌がこの原稿を掲載し，このため学生，活動家，学者，研究者，作家，評論家，デモの参加者の中で，竹内氏の訴えを読み，討論し，その感想を私たち編集部に寄せてきた人びとも少なくなかった。

以下は「民主か独裁か――当面の状況判断」というタイトルの竹内氏の原稿の全文である（中見出しは，編集部でつけたもの）。

この稿の著作権を放棄

一　以下に述べるのは五月三十一日現在における私の状況判断である。状況は刻々に変っている。今いちばん大切なことは，状況に追いつき，状況を追い越すことである。そのために，この資料が，いかなる個人および集団によって利用されるのもいとわない。この稿に関しては私は著作権を放棄する。

二　いかなる個人および集団も現在，全体の状況をつかむことは不可能だろう。完全な情報を得ようとすると状況に立ちおくれる。状況は複雑である。しかし一方からいうと単純化されている。全体をつかむ必要がない。部分に全体が代表されている。必要なのは想像力をはたらかせることである。

三　民主か独裁か，これが唯一最大の争点である。民主でないものは独裁であり，独裁でないものは民主である。中間はありえない。この唯一の争点に向っての態度決定が必要である。そこに安保問題をからませてはならない。安保に賛成するものと反対するものとが論争することは無益である。論争は，独裁を倒してからやればよい。

今は，独裁を倒すために全国民が力を結集すべきである。

四　安保から独裁制がうまれた。時間の順序はそうである。しかし論理は逆である。この論理は五月十九日が決定した。

五　五月十九日の意味転換をとらえることに，既成の政治勢力はおおむね失敗した。たとえば社会党（民社を含めて）は，この当然予想される事態をあらかじめ予想し，対策を立てておくことを怠った。そのため決定的な立ちおくれを招いた。共産党は，安保闘争そのものに消極的であり，国民的願望を体して献身するのでなく，自己の革命幻想のために国民的願望を利用する態度に終始したので，国民からの不信と内部分裂を結果した。総評および主要単産はこれも組織の弱体化をおそれて決戦を先へのばす利己的な態度があらわであった。そのため，労働組合は自分の利益のためにしか行動せぬ，頼りにならぬ，という印象を国民にうえつけた。これらが集ってファシズムの進行を容易にした。

立ちおくれの自己認識から

六　この指摘を私は非難のために行っているのではない。決定的な立ちおくれの自己認識から出発しないと，状況に追いつき，追い越すことができぬことを注意したいのである。むろん，激変後，立ちおくれは徐々に克服されつつある。しかし，立ちおくれの克服が，既成の型でおこなわれると期待するのは，想像力を欠いた官僚的思考の産物であって，幻想におわるだろう。政党も，組合も，大衆団体も，立ちおくれの克服の過程で脱皮し，体質を改め，指導権を交替することを余儀なくされるだろう。その困難な試練にたえる組織だけが生きのびるだろう。

七　歴史には断絶と飛躍がある。分裂をおそれて強くたたかえない，というのは組織の強化を自然成長性だけに頼る怠け者の思惟である。目的意識からする一挙の引きあげが同時に可能であることを忘れてはならない。もっとも，これは既成の指導者にできることではない。いまは新しい指導者がうまれる時期である。

予想される今後の状況変化

八　今後に予想される状況変化を段階に分けて考えてみたい。これは私の想像であって，情報の裏付けはまったくない。ファシズムの進行はおそらく次の順序によるだろう。まず警察力は限界まで動員される。警察全体が治安警察化される。これは間もない。第二段階は自衛隊の出動である。これも既定と考えていいだろう。しかし，これだけで独裁が完成すると考えるのは自他ともに甘いだろう。最後の段階は，駐留軍の出動ないし新しい派兵を予想しなければならぬ。これは当然，単独には不可能なので，国際紛争と不可分に結びついている。ここしばらくは，朝鮮と台湾から目をはなしてはならない。

九　私としては，第二段階で状況に追いつき，できたら追い越さねばならぬと考える。そのためには，第二段階では，第三段階を予想して手を打たねばならぬ。第三段階で打つ手は何か。全世界の平和愛好者（アメリカをふくむ）によびかける以外にない。その用意は今からしておかねばならぬ。

しかし，用意は別として，実行に着手することは絶対に禁物である。第二段階までは絶対に抑制しなければならぬ。国内問題を早まって国際化してはならぬ。それは民族を不幸におとしいれることであり，敵に乗ずるスキを与えることである。第二段階までは，いかなる外国の力も借りてはならない。中国の反米デモが，われわれにとって有利だと考えるようなドレイ的依頼心では，この困難なたたかいに勝てない。

十　独裁に対抗する民主戦線の組み方はどうしたらよいか。まず最初に，国民の主権奪回の意志表示のための集会や行進が必要である。これはすでに開始されている。これを全国民的規模に拡大しなければならぬ。次に，第二段階として，主権者である意志を表明した国民のさまざまな集団（これは多様であるべきだし，多様であった方がよい）が，討議をおこなって，それぞれの政治要求を明示すべきである。共通の綱領は，独裁制の打倒，民主主義の再建であるが，その具体化，および具体化の手続きについては，集団の数だけ多様な要求があって然るべきである。次の第三段階では，目的および方法の近いものが漸次連合すべきである。

連合の場合，かならず政策協定をおこなうべきであって，それぞれの集団の独立性をそこなう無原則の連合をおこなってはならない。また，ボス支配を警戒しなければならない。連合体の組み方も多様であっていい。

十一　現在，議会はほとんど機能を失っているが，まったくなくなったわけではないから，いますぐ議会を否認するのは正しくないし，得策でもない。ただ，いまの議会を既成のルールで建て直せると楽観していると，ファシズムの進行に追いつけない。一方で人民議会と人民政府をつくる運動をすすめていて，その運動の中から，議会の再建を監視していかなければならない。

既成政党を頼ってはならぬ

十二　この運動をすすめるとき，既成の政党を頼ってはならない。ただ，個々の国会議員が，この運動に専門家として協力するならば，彼をボスとしてでなしに，運動体の中核にすえることは，運動の成長をさまたげないばかりでなく，能率をたかめることになるだろう。

十三　ファシズムの暴力に対抗する手段として，国民は労働組合に実力行使を要求する権利があるし，労働組合はそれに従う義務がある。実力行使は，ファシズム化の段階に応じて段階を設けねばならぬ。しかし，そのことは，ストライキを小出しにやるということとはまったく逆である。上からの指令による小出しのストライキは敵を助けるだけである。

状況の変化に応じて，国民が何を要求しているかを鋭敏にキャッチして，その要求に見合った戦術を，あらかじめ立てておいた予測にもとづいて組むのが，すぐれた指導者である。

十四　このためには，権利としてのストライキを義務としてのストライキに内面転換する異常な決意と，すぐれた統率力が要求される。ある場合には，ストライキを打たぬことが最大の実力行使であるような非常事態にふさわしい行動の型が考えられねばならぬ。

画一的な職場放棄など，教条主義の見本であって，反ファシズムの国民戦線にとっては有害無益である。

天才的指導者の出現をのぞむ

十五　日本のような独占の進んだ国では，普通のゼネストよりも，基幹産業，とくに運輸交通の中核の一点（たとえば東海道線）だけに集中してストライキをやり，全労働者はストライキをやらぬことによって精神的および経済的にこれを支援する（たとえばギセイ者に終身年金を与える）ような形が有効なのではないか。ただこれには，全労働者が職種や企業をはなれて，単一の労働者意識をもつことが条件になる。経済要求をからませなければストライキができぬような，一般市民から白い眼で見られるふぬけの労働者には，この英雄的行動は望めない。ただ，今が歴史の飛躍の時であることを知り，逆に行動によって労働者意識をきたえ，従業員意識から脱却させるような天才的指導者の出現を待ちのぞむだけである。

十六　デモや座り込みだけでは独裁化に対抗できない。それは人間を物理力や精神力に還元するだけで，総力の結集にならぬからである。専門を離れてはならない。持ち場で全力を発揮するのが大切だ。活動家だけが金も時間も頭脳も負担するのはよくない。金だけを出す人，頭脳だけを出す人，力だけを出す人があってよい。それが集って統一戦線になる。

十七　勝つことだけを目的としてはならぬ。うまく勝つことが大切だ。へたに勝つくらいなら，うまく負けた方がよい。

（五月三十一日夕）（筆者＝中国文学者）

3

吉本隆明氏，品川駅構内に座り込む

6月3日の夕方，私は編集部の後輩の大輪盛登氏と神田神保町の出版社（記憶が薄れたが，多分現代思潮社だったか，と思う）の2階の部屋にいた。大輪氏の紹介で，間もなくこの社に来られるという吉本隆明氏に会い，現在の政治状況などについて，氏の考えや意見を記者として聞き，『圖書新聞』にインタビュー記事として載せるためであった。学生や若い労働者などの中には詩人・評論家である氏の本や，雑誌に発表される文章のすべてを読みつづけているという熱心な氏の支持者がいた。

吉本氏が現われた。早速，大輪氏から私の用件を話してもらった。氏は「これから，ここで集まりがあり，終わったら品川駅へ行き，構内で明朝まで座り込むことになるかも知れません。ですから，そのあとで，改めて相談しましょう」といった意味のことばを述べられた。

やがて，20代から30代位の人びと10数人での話し合いが始まり，終わりに「六月行動委員会」として，明日4日早朝の国鉄労働者のストライキ支援のために品川駅構内での座り込み，その他の行動を決めて散会した。大輪氏が「私は品川駅に行って徹夜します。吉本さんの返事は明日聞きますから，宮守さんは帰社されたほうがいいのではないか，と思います。全学連主流派と，その支援者に対しては警官は，きわめて狂暴で“取材記者”の宮守さんを『区別』なんかしませんから危ないです……」と言う。

品川駅――。16年前の1944（昭和19）年の9月中旬の夜，東京赤坂檜町の東部第六部隊（現在防衛庁がある）に学徒兵として入隊（9月1日）した私は，この品川駅から中国大陸の戦地に送られた。幸運にも2年後，生還できたが，私は，ふたたび戦争への道にふみ入る危険がある「安保改定と自民党による単独強行採決」に抗議するストライキ支援の行動をせずにマイホームに“帰還”するわけにはいかなかった。

ところで，私たち圖書新聞社労働組合が加盟している出版労協は，国鉄品川機関区や新宿駅などのピケ隊に加わり，夜を徹して拠点を守るということになっており，全学連主流派などの“駅のホームに座り込むなどして「完全」に電車を止めるのが“最大の目的”という考え・行動とは異なっていた。

夜9時頃。品川駅の西口（高輪口）と東口（港南口）前の場所は多くの支援労組の人たちや学者・文化人，「安保阻止新劇人会議」の青年，その他一般の支援者たちで埋まっていた。私は，圖書新聞社労組委員長の早川氏や，鈴木利夫氏たちに「駅のホームに入ること」を連絡するために捜してみたが，この人数の多さの中では，また，夜ということもあって2人を見つけることはできなかった。

吉本氏など六月行動委員会の人たち10数人が，現在の（1998年9月9日，私は同駅に行ってみた）1番・2番線ホーム（山手線），3番・4番線ホーム（京浜東北線），5番・6番線ホーム（東海道線）の，どのホームに座りこんだか，今でははっきりしないが，3番線か4番線ホームの，田町駅寄りの辺りではなかったか，と思う。

私と大輪氏は，人びとに押されて吉本氏のすぐ後ろに座り込むという形になった。どのホームも学生や若い労働者たちであふれ，旗を振ったり，スクラムを組んだり，シュプレヒコールを叫んでいる。そして，出版労協のデモでは聞いたことがない歌をうたっている。「国際学連の歌です」と大輪氏が言う。

10時前後だったか，2人の男の人が線路を渡って吉本氏の所にやってきた。鶴見俊輔氏と立教大学の高畠通敏氏（政治学）であった。

鶴見氏が，中腰になって吉本氏に話しかけた。高畠氏は吉本氏の横にしゃがみ，鶴見氏の話の合間に発言した。しかし，２人の話の内容は，熱気のこもった騒音のような人びとの声にかき消されて，私には聞きとれなかった。

５，６分ほど経ったと思われたとき，突然，私の前の吉本氏が，からだを少し左右にゆすり，鶴見氏を見上げる形で，「私は文化人などという者ではなく，一人の労働者として，ここに座っているんだっ！」と，強い口調で言い，あとは，ひと言もしゃべらなかった。

鶴見氏と高畠氏は去っていった。

このとき，くわしいことは私には分からなかったが，国鉄労働組合側と全学連主流派との間に「構内座り込み」問題をめぐっての鋭い対立があった，という。この年の10月20日刊の前記の『1960年５月19日』という本の中では国鉄労組員の次のことばが紹介されている。

……略……支援学生が「労働者，がんばれ」というのにたいしては，労働者は「ありがとう」と答える。しかしストライキそのものは労働者がやっているんだという強い自負心がある。「俺たちがちゃんとやっているのに，何故ホームにまであがってくるのか」。(126頁の注２)

また同書は『朝日ジャーナル』６月12日号掲載の竹内好氏の次の意見を載せている。

彼らの指導部は，初手から統一行動に足並みをそろえようとしない。統一形態に組み入れようとする労組側の再三の説得，申し入れに耳をかさない。ホームにがんばって「完全」に電車を止めるというのが最大の眼目だという。そこで彼らの誤った請負主義，誤った100％完遂主義は「国民的抗議の表現としての統一闘争」から完全にはずれ，孤立し，民主主義を建て直す行動アッピールからまったくズレてしまっている……有効性を欠いたエネルギーの浪費が，見るものをかなしませる。

ところで，これは単なる私の推測にすぎないが，鶴見氏，高畠氏は，学生や若い人びとに支持者がいる吉本氏と話し合って，“構内座り込み”などをめぐる国鉄労働者と全学連主流派との対立をなんとか打開しようとしたのではなかったか，と思う。官憲，そして右翼！とも「話し合いが必要」なことを主張していた鶴見氏であったから，私がこう考えても大きな“的外れ”ではないのではなかろうか。

第1波のゼネストは成功した

6月4日の朝。ごく一部をのぞいて始発から7時まで電車と列車は完全にとまった。吉本氏たち六月行動委員会の人たちは，東口（港南口）へ出て国際学連の歌をうたいながら“ジグザグデモ”をした。私は大輪氏と別れて帰宅，目が覚めたのは夕方5時頃であった。そして吉本氏に依頼した件は，「時間がとれそうもない」ということで実現しなかった。

後に発表された史料・資料によると，1952（昭和27）年の「労闘スト」，1958（昭和33）年の「警職法改悪反対スト」につづく戦後第3回目といわれるこの6月4日の“政治ストライキ”（筆者注＝明確に政治的目標をかかげたストのこと）には全国560万人の労働者が参加した。「ストライキの違法性」を強調する政府の声明発表（2日），特に官公労関係の組合の場合の“処分”の問題などを乗り越える形で，6月4日のストライキは規律正しく整然と行われた。一般市民の間でもこのストを支持する人が多かった。国鉄当局は「スト参加者を処分せよ」という政府の方針を実行することができなかった。

安保闘争「第1波のゼネスト」は成功した，と報道するマスコミも少なくなかった。

4

ハガチー新聞係秘書，ヘリコプターで脱出

アイゼンハワー米大統領訪日の日程を日本側当局者と最終的に打合わせるため６月10日，ハガチー新聞係秘書が羽田空港に着いた。私たち圖書新聞社労働組合からは２名が出版労協の各組合代表団に加わり「アイク訪日反対」の意思を表明した。

そしてハガチー新聞係秘書は，マッカーサー駐日大使たちとともに抗議デモの渦中で約１時間10分にわたって立往生し，ヘリコプターで脱出するという事態になった。機関紙『出版労協』（1960年６月14日号）はこう記す。

> 10日３時すぎ，米軍ヘリコプターでマ大使が出迎えに空港へ着陸したころ，出版労協の各組合代表団約50名は，国民会議の指示で空港ロビーへ向かって前進した。３時40分，空港におりたハガチーは素早く車で，アイクのコース（筆者注＝アイゼンハワー米大統領が来日したときに車で走るコースのこと）に従って米大使館へ。しかし，たちまち労働者，学生の大群にとりまかれてしまった。
>
> 警官隊がかけつけ，記者が集まる。と，突然デモ隊の頭上にヘリコプターが舞いおりてきた。激しい爆音と爆風，労働者も学生も黄色い砂塵につつまれる。この暴行で怒りに青ざめたデモ隊は，なお整然とその場にスクラムを組み，坐りこんだ。警官隊がゴボウ抜きを開始した。爆風で芝生が吹きとばされて空に舞い，喪章をつけた赤旗が大きくゆれる。「警官隊！　暴力をやめろ！　それでも日本人か！　日本人ならうしろをむいて一緒に坐りこめ！」　警官の顔がゆがみ，手がふるえる。その背後に，大きな米軍ヘリコプターが目の前一杯に迫ってくる。しかし断乎として坐り続ける日本国民の意志は，米軍機も警官隊もどけることは出来ない。

三度，四度と突撃に失敗したヘリコプターは，遂に反転，ハガチーの車の真上におり，タラップをおろしてハ秘書とマ大使たちをのせ，あわてて随員１人を５メートル位の空中からふり落としたまま飛び去った。ハガチーの車は，上にとびのった多くの記者団によってへこんでしまった。

「それでも日本人か!」と警官に向かって叫んだのは出版労協の副委員長・森下昭平氏（平凡社労組），ヘリコプターの中で銃を構えている人影を見たのは書記長・禰寝尚武氏（岩波書店労組）であった。

翌６月11日，国民会議の第18次統一行動が行われた。全国366ヵ所で集会が開かれ，250万人が参加，東京では10時間にわたってアメリカ大使館へデモをした（約23万5000人）。英文のプラカードが目立ち，岩波書店労組委員長・熊谷達雄氏が徹夜で作り上げた英文のものが写っているデモの写真が『ニューズウィーク』誌に掲載された。夜，提灯デモが都心で行われ，こうした中，ハガチー新聞係秘書は，ひそかに米軍の立川基地からアメリカへ帰っていった（『出版労働者が歩いてきた道』）。

６月12日，マッカーサー駐日大使は岸首相を訪ね，10日のハガチー事件について「全米に悪い感情」と述べ，また声明を発表した。13日，警視庁はハガチー事件容疑で教育大学，法政大学，日本鋼管川崎労組を強制捜査した（14日，朝永振一郎教育大学教授が抗議，法政大学では14，15日の全学集会で抗議することを決議した）。

U-2型機事件とアイク訪日反対

ところでアイゼンハワー大統領の訪日は，初めソ連訪問を終えたあとに予定されていた。自由主義陣営と社会主義陣営との「平和共存」外交の実をあげ“平和の使徒”としてのアメリカの役割を日本をはじめとするアジア諸国に強く印象づけるためであった。1960（昭和35）年１月，岸首相は新安保条約調印のために渡米し，そのとき大統領とハーター国務長官と話し合いをして，大統領訪日などを決めたわけだが，５月７日，ソ連のフルシチョフ首相は，ソ連最高会議で自国領土内に侵入したアメリカのU-2 型機を5月1日，撃墜したことを発表，アメリカの諜報活動を非難するとともにア大統領のソ連招待をとり消した。そして予定されていた「東西首脳会談」も決裂した。このためア大統領は日本およびアメリカともっとも軍事的関係の深いフィリピン，台湾，韓国を訪問し，U-2型機事件を契機として，アメリカの“平和政策”に疑いを持ち始め，動揺しているこれらの国々の内部結束を固め，アメリカの戦略体制を維持することになった。

U-2型機はアメリカ軍の海外基地に7機，そのうち3機が日本にあることもわかった。フルシチョフ首相は「侵入の飛行機を撃墜するとともに，その基地に対しても，ロケットのほこ先を向ける」と警告，これは私たち日本国民にとっては重要で切実な問題となった。

アイク訪日反対の行動と，ハガチー事件は，こうした米ソ冷戦下の現実の中で起こったわけだが，アイク訪日反対運動が特に強まったのは，さきに述べた5月19日の新安保条約の強行採決以後であった。5月24日日本社会党の代表はマ大使と会見，アイク訪日延期要請の公開状を手渡し，マ大使と浅沼稲次郎委員長との間に激論がなされ，マ大使は会談後，日本社会党非難の声明を発表した（外国の大使が駐在国の野党を非難することはきわめて異例）。

5月26日，国民会議の第16次統一行動のデモは国会，さらにアメリカ大使館に向かった。以後，日比谷付近→国会議事堂→首相官邸→アメリカ大使館，というのがデモの基本的なコースとなった。

学者や知識人によるアイク訪日延期の声明も多く発表された。「世界平和アピール七人委員会」の植村環，上代たの氏ら，また松本重治，高木八尺，小泉信三氏たちはロックフェラー三世を通じて訪日延期の運動を行った。アメリカに留学した鵜飼信成，細入藤太郎，神谷宣郎，同美恵子，斉藤真，川口正秋氏ら12人は延期要望の声明を発表，そのビラがアメリカ大使館周辺で配られた。このほかキリスト教5大学の教授有志は，延期を求める公開状を大統領宛に書き，近代文学同人も訪日延期の要望を『ニューヨーク・タイムズ』と，ノーベル賞作家のW・フォークナーに打電した（『1960年5月19日』）。

しかし岸首相とマ大使は，アイク訪日決行の考えを変えなかった。5月27日，閣議のあとの五相会議（岸首相，益谷秀次副総理，藤山愛一郎外相，佐藤栄作蔵相，池田勇人通産相）でアイゼンハワー大統領の招待を行うことを改めて確認した（とくに池田通産相は強硬に主張したという）。だが，政界と財界の中では動揺が起こり，6月5日，石井光次郎総務会長は首相に招待延期を示唆し，6日，アイク訪日の警備計画についての政府会合では，石原幹市郎国家公安委員長が，計画について悲観的な意見を出した。財界では経済同友会が，7日夜の首脳会談で「『政治休戦』ができなければ招待中止もやむなし」との結論を出した。ところが，10日のハガチー事件翌日の11日になると，経済団体連合会，日本経営者団体連盟，東京商工会議所，経済同友会の4団体が“アイク歓迎”で一致した。さらに“延期説”が多かった新聞社も“歓迎”に転じ，同時に「反対」の大衆運動に対して，これを否定する論調を掲載しはじめる社も増えていった。

5

7 新聞社が「共同宣言」で反対運動を批判

6月15日，安保改定阻止の第2次スト（参加111単産，580万人）と，約3万の商店が各地で“閉店スト”を行った。この日の国会へのデモは約10万人といわれたが，午後5時過ぎ，国民会議主催のデモが右翼の維新行動隊に襲撃され，新劇人や一般都民など約80人が負傷した（「警官多数がこれを傍観していた」として後に新劇人会議は警視庁に抗議）。

全学連主流派の学生は国会議事堂の南通用門で警官隊と衝突し，6時頃，構内に突入した。警官隊は学生を押し出そうとし，多数の負傷者が出た。そして東大学生の樺美智子さんが死亡した。8時，学生約4000人は抗議集会を開いたが，警官隊は日本社会党議員のあっせんを無視し学生を実力排除，さらに実況放送中の「ラジオ関東」のアナウンサーなどの報道人にも暴行した（10時〜10時30分)。11時30分前後，正門前で警官隊のトラックが炎上。警官隊は国会構外の学生に催涙弾を発射し，さらに教授団・報道人・一般の通行人にも暴行した（16日午前0時〜1時30分)。そして警視庁は，未明までに学生182人を逮捕した。なお，この夜の学生・市民の負傷者は1000人を超した。

翌6月16日，総評弁護団は警視総監らを殺人罪で告発，立教大学教授団は警視総監解任要求の抗議を行った。日本社会党・国民会議・総評は，政府と警察の暴力に対し，連日，抗議行動を行うことを決定した。また都内の主な大学では学生・教職員の抗議集会と，授業放棄の決議が行われ，関東各地の大学からは抗議団が上京した。そして茅誠司東大学長は「民主主義責任政治の回復こそが解決のための基本である」と声明した。

こうした状況の中で岸内閣は，緊急臨時閣議を開き，アイゼンハワー米大統領の“訪日延期”を決定，発表したのである。

6月17日，朝日，毎日，読売，産経，日経，東京，東京タイムズの7新聞社は次の「国会収拾に関する共同宣言」を，それぞれの紙面で発表した。

> 6月15日夜の国会内外における流血事件は，その事の依ってきたる所以を別として，議会主義を危機に陥れる痛恨事であった。われわれは，日本の将来に対して，今日ほど，深い憂慮をもつことはない。
>
> 民主主義は言論をもって争わるべきものである。その理由のいかんを問わず，またいかなる政治的難局に立とうと，暴力を用いて事を運ばんとすることは，断じて許さるべきではない。一たび暴力を是認するが如き社会的風潮が一般化すれば，民主主義は死滅し，日本の国家的存立を危うくする重大事態になるものと信ずる。

よって何よりも当面の重大責任をもつ政府が，早急に全力を傾けて事態収拾の実をあげるべきことは言うをまたない。政府はこの点で国民の良識に応える決意を表明すべきである。同時にまた，目下の混乱せる事態の一半の原因が国会機能の停止にあることに思いを致し，社会，民社の両党においてもこの際，これまでの争点をしばらく投げ捨て，率先して国会に帰り，その正常化による事態の収拾に協力することは，国民の望むところと信ずる。

ここにわれわれは，政府与党と野党が，国民の熱望に応え，議会主義を守るという一点に一致し，今日国民が抱く常ならざる憂慮を除き去ることを心から訴えるものである。

これに対し同日，日本新聞労働組合連合・日本放送労働組合（NHK労組）・日本民間放送労働組合連合会，また日本ジャーナリスト会議，出版労協その他が抗議声明を出した（22日には「安保阻止・国会解散・岸打倒マスコミ5単産抗議大集会」が開かれ，7社共同宣言に対する抗議申し入れを行った)。

東京大学新聞研究所では所員一同（荒瀬豊，池内一，稲葉三千男，内川芳美，岡部慶三，何初彦，城戸又一，香内三郎，高橋徹，竹内郁郎，辻村明，日高六郎，山本透氏たち）が次の「宣言に対する要望書」を作成，7社その他に配布した。

現在の日本の危機的政治状況について，われわれ東京大学新聞研究所所員一同は，早くから深い憂慮の念を抱いてきました。その意味において，在京7新聞社がこのたびの事態にたいしてあえて，共同宣言の発表にふみきられた意図は，われわれの充分に了とするところであります。しかしながら，日ごろマス・コミュニケーションの，社会的機能に関心を寄せている研究者として，この宣言にはいささか疑問を感ずる点がありますので，ここに申し述べたいと思います。

まず，今回の共同宣言が，6月15日の流血事件を強調するのあまり，この事件が問題の全体的文脈のなかでもっている意味について正当な配慮を欠いているかにみえることは，われわれのもっとも遺憾に思うところであります。さいきんの政治的緊迫の真因が，5月19日，20日の衆議院における政府与党の議会主義の原則を無視した新安保条約の強行採決にあることはまったく明白であり，われわれは機会あるごとにこれをくり返し主張してきました。共同宣言に参加した新聞の多数もまた，5月19日以前には新安保条約の慎重審議を要望し，20日の強行採決直後には岸内閣の退陣と国会解散とを強く主張していたはずであります。

しかるに今回の共同宣言においてこのような主張を後退させ，問題の背景と切り離された次元で，暴力の排斥と事態の収拾とを論じていることは，われわれの理解に苦しむところであります。もとより暴力の非なるを確信することにおいて，われわれはけっして人後に落ちるものではありません。しかし，事態の根源を究明することなしに現象としての暴力だけを論ずることは，問題の本質をかえって見失わせるおそれがあります。6月15日の事件を事象全体の流れから切り離してとりあげることは日々の事件と取り組むことに急な新聞のおちいりやすい，きわめて危険な傾向と無関係なものではなく，われわれはこの点に関して新聞の慎重な態度を強く要望しないわけにはいきません。

おのおのがもつ独自の立場ゆえに，多少ともその論調を異にしてきた在京7社が，共同して一つの宣言をだすにあたっては，その背後に非常な決意と努力とがあったことと思います。その決意と努力とに対して，われわれは敬意をはらうものであります。しかしながら一方，かかる共同宣言は，全国言論機関の論調にたいし，またひいては国内世論の方向にたいして，重大な影響力をもつものと考えられます。それだけにその取り扱いは慎重なうえにも慎重であることがのぞまれます。この点において今回の共同宣言が各社の最大公約数を求めることに急なあまりかえってそれぞれの新聞が従来保持してきた独自の立場とくいちがい，その主張の一貫性を放棄する結果になると同時に，共同宣言の内容だけが読者に強く印象づけられる可能性があることは，問題だと思います。

政府・与党が強硬に新安保条約の成立をはかろうとしている現在新聞が事態の根本原因から目をそらさず，そのはじめに示した態度をくつがえすことなしに，自己の責任を全うされんことを，われわれは心から期待いたします。もしこの期待がかえりみられなかったばあいに，新聞にたいする読者の絶望が，危機をいっそう深刻なものにすることをこそ，われわれはおそれるものであります。

なお「共同宣言」が出された翌日の6月18日には，日本新聞協会の仲介により全国の有力ブロック紙，各府県の新聞が7社に同調し，ほとんどの社が「宣言」の字句や主張の内容を変えずに，そのまま紙面に掲載した（「宣言」に批判的な社説を掲げたのは『愛媛新聞』，短評を載せた『北海道新聞』ぐらいであった)。

なぜ新聞の論調は変化したのか？

ところで新安保条約の慎重審議を要望し，5月20日の強行採決直後には，岸内閣の退陣と国会解散とを強く主張していた7社をはじめとする各新聞社が「宣言」によって，その論調を変化・後退させたのはなぜなのか？

その一つの大きな理由として，前記の『出版労働者が歩いてきた道』では次のように記している。

60年5月，自民党国会議員団が各新聞社を歴訪し，また6月7日から9日にかけてマッカーサー駐日米大使が，大手新聞各社とNHKの首脳を公邸に招いた。

アイゼンハワーの訪日が阻止された直後の6月17日には，日経連・経団連・日本商工会議所・経済同友会が「国際信用回復」をはからなければならないとの声明を発表し，同じ日に，朝日・毎日・読売・産経・日経・東京・東京タイムズは「7社共同宣言」を発表して反対運動の高まりを抑える側に転じた。

6

新安保条約の“自然成立”と岸内閣の退陣

6月19日。首相官邸と国会の周辺は2万余のデモの人びとで埋まり，岸首相らは官邸に閉じこめられた。自衛隊の「治安出動」も検討する異常な雰囲気の中で，午前零時，参議院での議決を経ないまま新安保条約は自然成立した。

6月23日午前10時，外相公邸という異例な場所で日米両国政府の批准書交換が行われ新条約が発効した。24日，岸首相は「条約発効を機に人心を一新し，政局転換のために首相を辞任する決意をした」と表明，7月15日退陣した（前日の14日，自民党大会が開かれ，混乱のうちに池田勇人氏が総裁に選出された）。

………………………………………………………………………………

1960年の安保改定反対運動から38年の歳月が経過した。当時，運動に参加したいちばん若い人でも現在50代の後半，ほとんどは60，70，80歳代になった。亡くなった人も多い。丸山眞男，竹内好，高見順，高桑純夫，末川博，青野季吉氏なども逝き，また私たちの圖書新聞社関係でも田所太郎社長，編集部の唐木邦雄，安田金三郎，早川和延，早川淳之助，大輪盛登，鈴木利夫の各氏が死去した。

人も事物も激しく変わっていく。けれども，日本の憲法を超えた存在の日米安保条約と，沖縄をはじめとする米軍の駐留基地は依然として変わることなくつづいている。昨年9月に日米両政府が合意した新ガイドライン（日米防衛協力の指針）と，それを具体化する関連法案の成立への動きが，いま強まっている。アジア，さらに世界的に軍事緊張を高め，そして安易に軍事力を行使しかねないアメリカに“自動的”に日本が協力させられていく危険性が大きくなってきている。私たちは60年と70年の安保改定反対運動の正負の経験に学んで，戦争の「自然成立」を阻止するための力の流れを大きく強くしていく必要があるのではなかろうか。

（1998年10月記）

Ⅷ　言論・出版統制の狂涛の中で
――理性と自由擁護に苦闘した畑中繁雄編集長

1

『覚書　昭和出版弾圧小史』の刊行

1999（平成11）年の１月も終わろうとする頃，１通の白い封書が自宅の郵便受けに入っていた。差出し人は「畑中慶子」とあり，私には未知の方である。だが，次の瞬間，畑中繁雄氏が亡くなられたのではないか，と思った。

急いで封を切った。私の不安はあたった。

父・畑中　繁雄儀，平成十年十二月二十二日急性心不全のため永眠いたしましたのでここにご通知のみ申しあげます　ながながのご厚誼故人にかわり厚くお礼申しあげます　なお故人の意志にしたがい（別紙ごあいさつ）葬儀告別式はもとより　香料，供花などいっさい固くご辞退申しあげたく　併せお願い申しあげます

追伸　別紙ごあいさつは，父が生前書きしたためていたものであり（母はすでに他界しております）本人の心中おくみとり頂きたく同封いたしましたのでよろしくお願い申しあげます

畑中　慶子

1924（大正13）年生まれの私は，先輩，同僚，後輩の方たちの死亡通知をいただくことが年々多くなってきている。こうした中で，1908（明治41）年生まれ，90歳という出版界の先輩・畑中氏が元気でおられることに，これまで私は心強さを感じてきた。しかし，氏とお話しすること

は，もう出来なくなってしまった。

私が畑中氏にお会いした最初は，1948（昭和23）年７月，新卒で入社したばかりの『日本読書新聞』の座談会「出版界の基本問題」に出席していただいた時である（Ⅱ章の「畑中繁雄氏と横浜事件」参照）。

この頃，氏は前年に中央公論社を辞められ「二〇世紀研究所」に籍を置かれていた。その後，世界評論社を経て日本評論社に入られ，以後取締役編集局長として活躍された。私は1950（昭和25）年３月，田所太郎氏が前年の６月25日付で創刊した『圖書新聞』記者となり，従兄の清水英夫が畑中氏の部下として働いていた関係もあって，しばしば日本評論社に出入りし，畑中氏の戦前と戦中の『中央公論』での編集活動，横浜事件の体験，敗戦直後の中央公論社のこと，などについてお話をうかがった。そして『圖書新聞』に「編集者の日記」その他を寄稿していただいていた。

1963（昭和38）年11月，田所社長から命じられて，私は『圖書新聞』の編集部を離れ，単行本の出版部新設の仕事に従うことになった。そして1965（昭和40）年８月15日，念願だった畑中氏の『覚書　昭和出版弾圧小史』（Ａ５判285頁・グラビア４頁・函入）を出版させていただくことが出来た（本書は1986〈昭和61〉年３月10日，高文研から『日本ファシズムの言論弾圧抄史――横浜事件・冬の時代の出版弾圧』と改題されて出版。以下の文中での引用文は高文研代表・梅田正己氏によるこの新編集版を使用）。

畑中氏のこの本は，「Ⅰ　禁じられたことば，Ⅱ　日本ファシズムの言論弾圧，Ⅲ　横浜事件」の３章で構成されている。早大英文科を卒業，中央公論社に入社した1932（昭和７）年から1945（昭和20）年の敗戦直後までの約15年間の出来事を著者が直接体験したこと――軍部の圧力で『中央公論』編集長を辞職させられ，つづいて改造社とともに中央公論社が解散させられたこと，官憲が仕組んだ“でっちあげ事件”の横浜事件で神奈川県特高警察によって検挙され，凄惨な拷問によって追い込まれていく経緯などを記録，そして日本ファシズムの言論弾圧の実態を明らかにしている。

畑中氏が遺されたこの本と，生前，氏からうかがった様々なお話，その他の史料をもとに，狂暴な時代に出版編集者として活動された氏の一面，さらに戦後復社された中央公論社を1947（昭和22）年に退社された事情などを中心に記してみよう（以下，文中の敬称を略します）。

2

満洲事変以後，次第に強化された言論統制

畑中が中央公論社に入社した前年の1931（昭和６）年９月18日，日本の関東軍参謀らは柳条湖の満鉄線路を爆破し，これを口実にして中国軍に総攻撃を開始した（満洲事変）。1937（昭和12）年７月７日，日本は中国に対する全面戦争に突入（日中戦争)。1941（昭和16）年12月８日，米英に宣戦布告……という時代の中で，畑中は『婦人公論』編集部，次いで『中央公論』編集部で働き，1941年９月には編集部長（33歳）となったが，満洲事変以後，学問・思想・言論・出版などへの統制と弾圧は年々強化されていった。

1932（昭和７）年10月と，1933（昭和８）年２月の共産党員の大検挙(20日，小林多喜二，築地署で虐殺される)。４月22日，鳩山一郎文相による瀧川幸辰京大教授の辞職要求と免官（つづいて同大の７教授も)。11月28日，野呂栄太郎検挙（1934〈昭和９〉年２月19日獄死)。

1935（昭和10）年９月18日，美濃部達吉が貴族院議員・学士院会員を辞して謹慎（美濃部の憲法学説の「天皇機関説」を右翼・軍部が攻撃，政府もこれを抑えられず著書を発禁処分にした)。

1936（昭和11）年２月26日「２・26事件」。７月10日，講座派の学者や左翼文化団体関係者の一斉検挙（コム=アカデミー事件。平野義太郎，宮本百合子など)。

1937（昭和12）年11月８日，『世界文化』グループ検挙（真下信一，新村猛，久野収など)。11月24日，東大経済学部長土方成美は「矢内原忠雄教授の言論活動は平和主義で時局にそぐわぬ」と非難。12月 4 日，矢内原は辞職。12月15日，山川均，鈴木茂三郎，加藤勘十，黒田寿男，猪俣津南雄，向坂逸郎ら417 名検挙（第 1 次人民戦線事件)。

1938（昭和13）年 2 月 1 日，大内兵衛，有沢広巳，美濃部亮吉など労農派教授ら11名，その他24名が検挙（第 2 次人民戦線事件)。 2 月18日，石川達三「生きてゐる兵隊」(『中央公論』 3 月号）が発禁となる（ 9 月 4 日，石川，雨宮庸蔵編集部長は禁錮 4 ヵ月，執行猶予 4 年。発行人・牧野武夫営業部長と，印刷人として竹内喜太郎・大日本印刷取締役は罰金刑の判決)。10月 5 日，東京帝大教授河合栄治郎の『ファシズム批判』など 4 著書が発禁，河合は教壇を追われる。11月，戸坂潤，岡邦雄ら唯物論研究会関係者検挙。

自らの筋を通そうとした嶋中雄作社長

1939（昭和14）年 5 月17日の夜，陸軍報道部の招きで中央公論社長嶋中雄作，『中央公論』編集部長小森田一記，次長の畑中，部員松下英麿は，赤坂の「幸楽」へ出向いた。陸軍報道部長清水盛明大佐，松村秀逸中佐たちは『中央公論』が軍の方針に対して空々しい傍観者的態度をとっていること，この非常時に自由主義の伝統を改めようとしないこと，などについて嶋中社長の真意を質した。嶋中は「複雑な知識階級の読者に対しては筋の通った合理性が大切で，あなたたちのように性急に考えてはかえって失敗する」との持論を述べた。途中で松村中佐が「君たちは，なにかといえば俺達の立場をファッショ，ファッショといいたいのだろうが……」と，がなり出し，結局，この懇談会は『中央公論』に対する軍の反感をますます確定的なものにしたのであった。なお，嶋中社長は， 2 年後の1941（昭和16）年 2 月26日にも情報局二課（出版関係所管）から「懇談会」の名目で編集関係の幹部全員とともに招かれた。会のはじめに第二課長大熊海軍大佐と情報官鈴木庫三少佐から「編集方針の根本的切替え」を求められた。嶋中は「あなたたちは命令さえ下せば国民は思うように意に従うと考えておられるが，それは軍隊式の考え方である。言論指導というものは，それほど単純なものではない。知識階級を相手とするのは，われわれの方が専門である。思想指導は任していただいたほうが……」と発言した。鈴木少佐が満面朱をそそいで憤然として立ち上って言った。「そういう考えを持っている人間が出版界にいるから，国民は国策にそっぽをむくのだ。君は社内で，いつも自由主義的方針を宣伝しているではないか。君の会社の若い社員からの投書が自分のもとにきているのだ。そういう中央公論社は，ただいまからでも，ぶっ潰してみせる！」。

二つの懇談会に次長として出席した畑中は，次のように著書で記している。

　嶋中社長の態度はりっぱであったとおもう。たとえそれが，経営防衛のための，たんなる企業者本能にもとづくものであったとしても，ああいう状況のもとでなお，みずからの筋をとおそうとするためには，よほどの自信とそれ以上の勇気を必要としたことは，底しれぬ不安と不気味さと圧迫感の充満したあの時期を実際に経験したものでなければ，おそらく実感としては理解しえぬところだろう。

　たんなる右翼分子の脅迫などとちがって，当時の軍部はそれ自体国家権力のオールマイティーであっただけに，その反感をかうことは，経営の今後の存続や，へたをすると自己の生命にもかかわる危険がともなったことは事実である。

　だからこそ出版業者のほとんどのものは「バスに乗りおくれない」ために，むしろ先を争って当局におもねることに汲々としていた，この時期において，なおかつギリギリの段階まで，とにかくみずからの立場をなお貫徹しようと腐心した，たとえば，河合（栄治郎）事件における日本評論社の鈴木利貞や矢内原（忠雄）事件および後の津田（左右吉）博士事件における（岩波書店の）岩波茂雄，さらには軍部に対する嶋中雄作など，その局面における戦前・戦中派の一部出版経営者の態度には，なお今日評価さるべきものがのこっているように思われる（56〜57頁。カッコ内は筆者が記入）。

著書の発禁と執筆者たちの検挙

1940（昭和15）年１月11日，右翼の攻撃で津田左右吉が早大教授を辞任（２月12日，著書『神代史の研究』など発禁。３月８日，起訴される)。なお２月６日，村山俊太郎ら検挙，生活綴方・『生活学校』関係教員約300 人の検挙が始まる。８月25日，賀川豊彦が反戦平和論で憲兵隊に拘引される。

1941（昭和16）年２月26日，内閣情報局は総合雑誌社に「執筆禁止者名簿」を内示（中央公論社に対しては馬場恒吾，清沢洌，田中耕太郎，横田喜三郎ら)。３月28日，三木清編『現代哲学辞典』(日本評論社）発禁。３月31日，情報局は非協力的な雑誌社，出版社に対し「読者カード」の提出を通達。７月21日，文部省教学局は『臣民の道』を刊行。

ところで畑中が『中央公論』の編集部長に就任したのは前記したようにこの年の９月であった。そして約１ヵ月後の10月15日に尾崎秀実ら，18日にはゾルゲが検挙された（ゾルゲ＝尾崎事件)。12月８日，日本は米英に対して宣戦布告。21日「言論出版集会結社等臨時取締法」が施行され，政府の弾圧はさらに強化された。同月，神社参拝に反対した朝鮮人キリスト教徒2000 余人が投獄された（獄死50余人)。

1942（昭和17）年４月，日本出版文化協会は全出版物の「発行承認制」の実施を決定。９月14日，細川嘉六検挙（後述)。12月23日「大日本言論報国会」(会長・徳富蘇峰）が設立された。

1943（昭和18）年１月１日，中野正剛が東條英機を批判した「戦時宰相論」(『朝日新聞』）発禁（中野は10月21日，憲兵隊に逮捕され，26日，割腹自殺)。３月15日，大阪商大名和統一教授ら20人検挙。同日『中央公論』に連載の谷崎潤一郎「細雪」の連載が禁止。4月12日，西村伊作文化学院校主が「自由主義的」などの理由で検挙。5月26日，中央公論社員の木村亨ら検挙（「泊事件」。後述）。10月21日，神宮外苑競技場で出陣学徒壮行会が行われ，この頃から日本の敗色が濃くなってきた。

畑中は1943（昭和18）年6月15日，部長を辞任，休職となるが（後述），その在任期間中の編集活動というものは，これまで記してきたことからもわかるように，きわめて困難なものであった。

言論活動に目を光らせ，統制・弾圧に狂奔したのは，陸軍省軍務局と大本営陸海軍報道部の関係軍人と，その思想幕僚。内閣情報局，内務省，司法省，特高警察，外務省報道部，派遣軍情報部，憲兵隊，大政翼賛会，国民精神総動員本部等々の関係者たち。これらと陰に陽に気脈を通じる一連の“御用文化人”。軍国主義の走狗に転身した一部の仲間うちの編集者たち（「日本編輯者協会」を支配し，軍部などに協力・盲従）。情報局の下部機関の役割をになった日本出版会（①出版物の事前審査，②発行許可権，③政府の方針に協力的でない雑誌・本などへの用紙を減らしたり，停止したりする用紙割当の権限を持つ，④出版社の整理統合をすすめる，など）の関係者たちであった。

そして言論界を直接，間接的に緊縛してきた関係法規は，主なものだけでも次のものがあった。①治安維持法，②出版法，③新聞紙法，④国家総動員法，⑤新聞紙掲載禁止令，⑥新聞事業令，⑦言論出版集会結社等臨時取締法，⑧同施行規則，⑨戦時刑法特別法，⑩国防保安法，⑪軍機保護法，⑫不穏文書取締法，⑬軍用資源秘密保護法。

杉本少佐から激しく非難された畑中編集長

ところで陸軍報道部は1941（昭和16）年12月19日「六日会」を発足させた。『中央公論』『改造』『日本評論』『文藝春秋』『公論』『現代』の6総合雑誌の編集長など雑誌の編集責任者を毎月6日に呼びつけ，紋切り型の戦況報告の後に各誌への“講評”を行い，さらに注文（命令）を出す会であった。『公論』（第一公論社）と『現代』（講談社）はいつも称賛された。しかし，あとの4誌の編集長たちは常にはげしく罵倒されたのである。

1942（昭和17）年9月7日の六日会（6日が日曜日）で，平櫛孝少佐は『改造』の大森直道編集長と佐藤績編集局長をにらみつけながら「細川嘉六の巻頭論文『世界史の動向と日本』を掲載した真意を聞きたい。それによっては，自分は改造社に対して，なんらかの処置を要請するつもりだ」と言った。後述する“横浜事件”のはじまりであった。大森と，細川の原稿担当者・相川博の引責退社（9月18日），編集部全員の更迭によって『改造』の誌面は180 度の転換をよぎなくされ，軍部と官憲への“迎合雑誌”と同様のものにならざるを得なくなった。

それから7ヵ月後の1943（昭和18）年4月2日と14日の2回にわたって，畑中は陸軍報道部に呼びつけられた。杉本和朗少佐（平櫛少佐の後任）は1月号と3月号に掲載の谷崎潤一郎の「細雪」について「国民の戦意を失わせる無用の小説」と口をきわめて悪罵し，「再三注意したのに，こうしたものを載せつづける編集者の戦争傍観の態度は許せぬ」と問責した。さらに5月号に共産主義などの危険な思想の持ち主の岡本清一，信夫清三郎，また聖徳太子に不遜な態度をとり，不敬罪にもあたるような土井虎賀寿の文章を掲載したことに対しても激しく追及した。

杉本は4月の六日会でも上記の記事を持ち出して畑中を非難し，さらに5月の六日会では，陸軍当局が“おねがい”（命令）した陸軍記念日の標語「撃ちてし已（や）まむ」を表紙に印刷しないのは「ただ1誌だけであり，これは反軍的態度というか，軍への挑戦と断ぜざるを得ない。われわれは，この雑誌になんらかの措置をもってのぞむ所存である」と述べた。あとは，お追従以上の何物でもない出席編集長たちからの質疑と戦況報告への思わせぶりな感嘆……などで会は終わった。「ただ1誌」の『中央公論』編集長の畑中は，「……このとき私は，編集者としての自分の命脈が，ついに遮断されたことを意識せざるを得なかった」（著書128

頁）のである。

読者に対して真実を伝え，間違った動きを論評するジャーナリストの責任を果たそうとする畑中としては，陸軍や他の権力者に対して“ひたすら陳謝”することはできなかった。このため激昂した陸軍側から正式文書をもって畑中は六日会から除名された。畑中は「社業の今後への影響を思って」嶋中社長に辞表を出した。しかし嶋中はこれを受けとらなかった。

つづいて5月22日，6月号に載せた岸田国士の移動演劇用戯曲「かへらじと」が陸軍側から「軍を冒瀆するもの」と抗議された。畑中は編集局長の松下英麿とともに秋山邦雄中佐（杉本少佐の上司）を訪ねたが，入室さえ拒否された（その後松下局長，編集部員黒田秀俊の奔走で，この6月号の記事の“切り取り”や“発禁処分”は免れた）。

このため畑中たちは7月号の刊行作業をつづけたが，校了直後，畑中は陸軍報道部長谷萩那華雄名儀の公式絶縁状をつきつけられた。それには簡単に「今後，中央公論編集部員は当分大本営陸軍報道部に出入することを禁止する（婦人公論編集部はその限りではない）」とあった。同文の通告は嶋中社長にも発せられた。

畑中は引責退社を決意，一人で事をおさめようとしたが，編集部員一同（篠原敏之次長，黒田，海老原光義，浅石晴世，和田喜太郎）の辞意も固く，畑中は辞表をまとめて嶋中に提出した。しかし嶋中は6月2日の晩，畑中たち編集部員を赤坂の料亭「白水」で慰労し，「まちがっているのは軍部のほうで，それをなにも君らがやめる理由はない。第一，僕自身編集部を支持しているんだし，もともと道理が通るような世の中ならば，こんな事態になっているはずはない」と言って，全員の辞表をかえしたのである。

しかし松下編集局長らが軍部と接衝した結果，6月15日，畑中は休職，篠原は譴責，他の部員は各部に転属，黒田秀俊は「南方出張中」との理由が軍部に認められて『中央公論』編集部に残った（嶋中社長は畑中の

「引責退社」の願いを「引責休職」にとどめたのである)。

6月18日，黒田が「7月号の発行を心よしとしない」という軍部の意向を聞いてきた。このため中央公論社では製本まぎわであった7月号をみずから休刊することになった。創業以来かつてなかった非常措置であった。8月28日，嶋中社長は谷萩報道部長と会見することが出来，その結果「編集局内の人事の一新，松下編集局長の解任」などで雑誌の存続が一応認められることになった。嶋中は，これに不満ではあったが，絶対権力を握る軍部との関係のこれ以上の悪化を憂慮しての“妥協”であった。

なお軍部の動きに呼応して日本編輯者協会は嶋中と畑中に対して「編集方針の転換」を求める決議を行い，『会報』(6月上旬から7月中旬号)でも発表した。これを受けとった海老原光義は「この便乗と，けがらはしき心事を憂ふ」と会報の欄外に書いた。

なお軍部と日本編輯者協会の幹事その他は，嶋中社長の追放も画策し，社員たちにも陰で働きかけていたのであった。次に「横浜事件」について記してみよう。

3

神奈川県特高がでっちあげた「泊会議」

1942(昭和17)年9月14日，警視庁は『改造』8，9月号に連載の論文「世界史の動向と日本」の筆者細川嘉六を検挙，同誌を発売禁止にした。この論文は内閣情報局の厳しい検閲をパスしたものだったが，陸軍報道部は「反戦主義の鼓吹であり，巧妙な共産主義の宣伝である」として警視庁を突き上げたのであった。

この3日前の9月11日，神奈川県特別高等警察部(以下，神奈川県特高と略称)は，川田寿(外務省の外郭団体の世界経済調査会主事)と，夫人定子を検挙した。夫妻は前年，日米開戦の年の1月，長年滞在したアメリカから帰国したが，上陸のとき，所持品の中に「社会問題関係の文献があった」という水上署の報告を受けた神奈川県特高は，以後夫妻の身元の洗い出しを始めた。そして夫妻がアメリカで労働問題の研究にたずさわっていたことを探知すると，米国共産党との関係を疑い，日本国内に共産主義運動でも持ちこむかのような“妄想”を描いて治安維持法違反被疑者として捕えたのである。さらに1943（昭和18）年1月21日，高橋善雄（世界経済調査会），つづいて5月11日，益田直彦（同），益田と交流のある平館利雄（満鉄東京支社調査部），西沢富夫（同）の3人を検挙した。そして押収した西沢のアルバムの中から1枚のスナップ写真を見つけた神奈川県特高は舞いあがった。この写真には前記の細川嘉六をまじえた全員浴衣姿の人たち――平館，西沢，相川博（改造社），小野康人（同），木村亨（中央公論社），加藤政治（東洋経済新報社）が写っていた。これを「共産党再建のための会議」ときめつけた神奈川県特高は，相川，小野，木村，加藤，撮影者の西尾忠四郎（満鉄東京支社調査部）を相次いで検挙した。著書『植民史』の印税などが入った細川が，親しくしていた編集者や研究者を郷里の富山県泊町の旗亭「紋左」に招待し，会食したときの単なる記念写真にすぎなかった（“再建の会議”であったなら証拠となる写真などを撮るマヌケはいない）が，神奈川県特高はこれを“証拠”として「共産党再建準備のための泊会議」なるものをでっち上げ，以後，捜査と検挙の網を広げ，最終的には計80余名に及んだという。そして次の「被検挙者一覧」（186～187頁）からもわかるように残虐極まりない拷問によって，多くの死者，失神者，負傷者，流血者を出したのであった。

畑中の検挙と中央公論社と改造社の解散

畑中繁雄が「治安維持法違反」の被疑者として自宅で逮捕されたのは1944（昭和19）年1月29日の朝，出勤前のときだった。神奈川県特高の森川清造警部補らによって連行された畑中は，神奈川県保土ヶ谷警察署の留置場に放りこまれ，しばらくして調べ室にひき出された。

横浜事件被検挙者一覧

( ) 内は検挙当時の所属
数字は検挙年月日
●印は獄中死
▼印は出獄または保釈直後死亡
○印は拷問による失神を経験
×印は拷問による負傷または流血を経験したもの

世界経済調査会関係

×○	川田　寿	（世界経済調査会主事）	昭和 17.9.11
×○	川田　定子	（同夫人）	17.9.11
●	高橋　善雄	（世界経済調査会）	18.1.21
×	益田　直彦	（同上）	18.5.11

満鉄調査部関係

×○	平館　利雄	（東京支社調査部）	18.5.11
×○	西沢　富夫	（同上）	18.5.11
×	内田　丈夫	（同上海支所）	19.3.12
×	安藤　次郎	（同上）	19.3.27
×○	手島　正毅	（同上）	19.4.15

細川グループ（泊会議関係）

×	細川　嘉六	（昭和研究会）	17.9.14
×○	木村　亨	（中央公論社）	18.5.26
×○▼	相川　博	（元改造社）	18.5.26
×○	小野　康人	（改造社）	18.5.26
×○	加藤　政治	（東洋経済新報社）	18.5.26
▼	西尾忠四郎	（満鉄東京支社調査部）	18.5.26

昭和塾関係

	新井　義夫	（アジア協会）	18.7.1
●	浅石　晴世	（中央公論社）	18.7.31
	高木健次郎	（日鉄本社）	18.9.9
	坂井　庄作	（電気庁）	18.9.9
×○	由田　浩	（古河電工）	18.9.9
×	小川　修	（同上）	18.9.9
	森　数馬	（大東亜省）	18.9.9
×	勝部　元	（日鉄本社）	18.9.9

白石　芳夫（糖業連合会）	昭和 18.9.9
×○山口　謙三（日本鋼管）	18.9.10
●和田喜太郎（中央公論社）	18.10.？
×渡辺　公平（日鉄八幡）	18.11.27

ジャーナリスト関係

（1）中央公論社関係	
×小森田一記（日本出版会）	19.1.29
×畑中　繁雄	19.1.29
×青木　　滋（翼賛壮年団組織部）	19.1.29
藤田　親昌	19.1.29
沢　　　赳	19.1.29
（2）改造社関係	
×水島　治男（科学新興社）	19.1.29
小林英三郎	19.1.29
×青山　鉞治（海軍省報道部嘱託）	19.1.29
×若槻　繁	19.1.29
×○大森　直道（上海大使館嘱託）	19.3.12
（3）日本評論社関係	
×美作　太郎	19.11.27
×松本　正雄（日独文化協会）	19.11.27
×彦坂　竹男（時事通信社）	19.11.27
鈴木三男吉	20.4.10
渡辺　　潔	20.4.10
（4）岩波書店関係	
×藤川　覚（時事通信社出版局）	19.11.27
小林　勇	20.5.9
（5）朝日新聞社	
酒井　寅吉	19.6.30

愛国労働農民同志会関係

●田中　正雄（東京航空計器）	18.9.20
×○広瀬　健一（政治公論社社長）	18.10.21

その他

×那珂（仲）孝平（作家）	19.10.4
崔　応錫（東大医学部助手）	19.3.？

『日本ファシズムの言論弾圧抄史』から

人相の険しい出っ歯の森川，その左右には肘まくりをした屈強そうな男たち。窓は，すべて黒いカーテンで蔽いつくされた。

「やい畑中！　どうだ恐れいったか」

肩をいからした森川の第一声だった。そして「いつまでシラをきってやがるんだ。なげえ間，共産主義運動をして害毒を流してきやがったくせに」と言った。まったく身に覚えのない畑中が「それは，いったいどういう意味ですか」と，つとめて冷静に問いかえそうとした。すると，森川は怒声とともに畑中の頭髪をひっぱって畳の上にねじ伏せ，畑中の頭を自分の膝の間に押し入れるようにした。2人の刑事が前のめりに倒された畑中の両腕をねじり上げ，さらに畑中の両頬に力まかせの平手打ちをくり返した。森川は叫びつづけた。

「共産主義の運動をしたことを，ひと言でも否認してみやぁがれ，どうなるか思い知らせてやってもいいんだぜ」「てめえは，小林多喜二がどんな死に方をしたか知っているのか」「俺たちはな，共産主義者のアバラの1本や2本は，みんなへし折っているんだ」「みんな血を吐きぁあがってから，申しわけありませんと，どいつもぬかしゃあがるんだが，そのときはもう遅いんだっ！」

身も神経も弱りかけた畑中の膝もとに1片の紙きれ（自白書のようなもの）がつきつけられ，畑中の右手は刑事によって鷲づかみにされ，畑中は拇印をとられたのである。畑中のうつろな目に「私は共産主義の運動をいたしました」という文字がはっきりと読みとれた。

冬も終わり春も過ぎた頃，特高の残虐な暴力に耐える体力と気力を失いかけた畑中に命じられたのは手記の執筆であった。手記は①認識論，②事件内容の二つに大別して書くようになっており，①ではマルキシズムの本質・日本資本主義発達史・剰余価値説・唯物史観・資本論・コミンテルン・日本共産党の本質と略史・第七回コミンテルン大会の状況・人民戦線の意義・27年テーゼ・32年テーゼの内容についてなどであった。②は畑中が編集した雑誌の個々の論文や記事，その他単行本をとりあげて“これらの内容は共産主義思想に立脚し，やがて暴力革命を通じてプロレタリア独裁社会の実現を企図せるものである”と書くことであった。さらに編集会議・社内講演会の開催・執筆者との打合わせ・同僚たちや仲間うちでの雑談のすべてを「赤く」（共産主義）色あげして書かなければならなかった。そしてこの手記をもとに特高は，さらに“より赤く”なるように加筆・書き直しなどをして取調べ調書を作成，畑中が理論と実践面で，ひとかどのマルキストであることを証明するための証拠としたのであった。もし畑中がこうした「手記」の執筆を拒否したならば，恐らく神奈川県特高によって「小林多喜二のように虐殺」されたことは確かであったろうと思われる。ただ畑中が，赤池文雄と小林重平の２人の巡査部長の拷問により流血・失神状態になりながらも，ついに最後まで認めなかったのは，「嶋中雄作社長は共産主義者であると認めよ」というものであった。このため特高も，嶋中は“共産主義的自由主義者”と手記に加筆せざるを得なかった。

この頃，政府と軍部は中央公論社と改造社のとり潰しの意図を固めつつあった。そして神奈川県特高は“第一の殊勲”をあげるために，畑中をはじめ中央公論社と改造社その他の被疑者たちから“犯罪事実”（共産主義の宣伝など）を陳述させようと躍起になり，このため拷問はいっそう苛酷さを増していった。

７月10日午前10時，情報局第二部長の橋本政実は，呼びつけた中央公論社と改造社の代表に，「営業方針において戦時下国民の思想指導上許し難い事実がある」などを理由として“自発的に廃業すること”（社の解散）を申し渡した。

畑中は数日後，留置場の看守から，このことを聞いた。

さて畑中の手記執筆も終わりに近づこうとする頃，畑中は１人の特高課員から「岩波書店の『資本主義発達史講座』をまとめて手に入れる方法はないかね，たくさん欲しいんだがね」と聞かれた。畑中は特高の手が岩波書店にも延びていることを直感した。

ところで，この時期から検事（山根隆二）の取調べが特高室で始められた。取調べは「事実審理」などとは縁もゆかりもないもので，1時間足らずの訊問程度のものであった。3回目と4回目の取調べは畑中が警察署から横浜刑務所の拘置所に移されてから行われたが，畑中の「犯罪事実」の核心にはふれず，現代世界情勢の分析のようなことについて二，三問答をくりかえしただけであった。そして，たった4回の，取調べともいえないような取調べで，畑中は“起訴”されたのである。つまり，特高の拷問と暴力によって“でっち上げられた手記”そのままの書類送検だけで起訴されたのと同様の結果であった。

関重夫判事のデタラメな予審終結決定

警察の調書や検事の起訴状に書かれた「事実」は，すべて暴力によって強制された事実無根なものであることを訴え，公正な判断をしてもらおうと，畑中は横浜地方裁判所の予審判事に望みをかけた。しかし担当の関重夫判事は，畑中が，このことにふれると，にわかに顔の色を変えて言った。「君は警察でも検事の取調べでも，ちゃんと認めているではないか。わたしは，それを君の立派な，男らしい態度と思っていた。それをここで否認するのは，老獪な左翼的法廷戦術だ。それをあえてする君が，まさに共産主義者たる動かぬ証拠ではないか」。

関判事がしようとしたことは，警察調書および検事の起訴状を“鵜のみ”にしての「確認」以外のなにものでもなかったのである。

1945（昭和20）年6月9日，畑中の予審は次のように決定した（筆者注＝旧字体は新字体で表記。読みやすくするため句読点，濁音を付す）。

予審終結決定

本籍並住居

東京都杉並区下高井戸四丁目九番三十三番地

無職（元「中央公論」編集長）

畑中繁雄　　当三十八年

右ノ者ニ対スル治安維持法違反被告事件ニ付予審ヲ遂ゲ決定スルコト左ノ如シ

主　　文

本件ヲ横浜地方裁判所ノ公判ニ付ス

理　　由

被告人ハ奈良県立郡山中学校，第二早稲田高等学院ヲ経テ昭和七年三月，早稲田大学文学部英文科ヲ卒業後，同年五月，東京都麹町区「丸之内ビルディング」内株式会社中央公論社ニ入社シ，一時雑誌「婦人公論」ノ編集部員タリシモ昭和八年十二月，雑誌「中央公論」ノ編集部員に転ジ，次デ昭和十四年十二月，同編集次長ト為リ，更ニ昭和十六年九月，同編集長ニ就任シタルモノナルガ，右早稲田高等学院在学中，共産主義者榎本駒次郎其ノ他ノ感化ヲ受ケタルト「エンゲルス」著「空想より科学へ」其ノ他ノ左翼文献ヲ繙読シタル結果，遂ニ昭和四年三月頃共産主義ヲ信奉スルニ至リ，日本共産青年同盟ニ加入シテ，同大学内ニ於テ，之ガ運動ニ従事シタルモ，検挙セラレズシテ止ミタルモノナルトコロ「コミンテルン」ガ世界「プロレタリアート」ノ独裁ニヨル世界共産主義社会ノ実現ヲ標榜シ，世界革命ノ一環トシテ，我国ニ於テハ，革命手段ニヨリ国体ヲ変革シ，私有財産制度ヲ否認シ「プロレタリアート」ノ独裁ヲ経テ共産主義社会ノ実現ヲ目的トスル結社ニシテ，日本共産党ハ昭和十八年六月九日迄ハ，其ノ日本支部トシテ右目的タル事項ヲ実行セントスル結社，同月十日以降ハ単独結社トシテ前記同一目的事項ヲ実行セントスル結社ナルコトヲ知悉シ乍ラ，孰レモ之ヲ支持シ，現下ノ客観情勢ニ鑑ミ，所謂文化運動ノ分野ニ於テ，知識層ヲ中心トスル一般大衆ノ共産主義意識ノ啓蒙昂揚ヲ図ルト共ニ，左翼組織ヲ確立スル等ノ運動ヲ通ジ，右両結社ノ目的達成ニ資センコトヲ意図シテ昭和七年五月，前記ノ如ク中央公論社ニ入社シ爾来昭和十八年六月頃迄ノ間，鋭意同社員ノ共産主義意識ノ啓蒙昂揚，並社内ノ左翼化ヲ図ルト共ニ，「中央公論」ノ左翼的編集及左翼的出版物ノ刊行等ヲ通ジテ，一般大衆ノ共産主義意識ノ啓蒙昂揚ニ努メタルガ，就中

（一）　昭和十二年六月頃ヨリ昭和十八年六月頃迄ノ間，毎月一，二回中央公論社会議室ニ開催サレタル雑誌「中央公論」ノ編集会議ニ出席シテ，同編集部員タル共産主義者小森田一記，青木滋其ノ他ノ同志ト共ニ編集会議ノ実質上ノ指導権ヲ把握シ，所謂「フアツシズム」ノ攻勢ノ熾烈ナル客観情勢下ニ於テハ，「中央公論」ノ合法性ヲ確保シツツ，可能ナル限リ左翼執筆者ヲ誌上ニ動員シテ共産主義的啓蒙記事ヲ登載シ，読者大衆ノ意識ノ啓蒙昂揚ニ資スルコト及「フアツシズム」ノ本質ヲ暴露シタル記事，所謂自由主義者，社会民主主義者ノ反時局的反国策的記事，並所謂右翼的記事ヲモ登載シテ其ノ反「フアツシヨ」性，反国家性乃至革新性ヲ左翼意識啓蒙ノ基礎タラシムルコト等ノ基本的編集方針ノ下ニ，毎回各自執筆者，「テーマ」ヲ提案シ，且其ノ提案理由ヲ説明シ，或ハ同志ノ左翼的編集企画ヲ支持シ，特ニ編集長就任後ハ，編集会議ヲ指導統制シ，種々具体的編集方針ヲ協議決定シテ，極力毎号左翼的啓蒙記事ノ掲載ニ努ムル等ノ活動ヲ通ジテ，編集部員並読者大衆ノ共産主義意識ノ啓蒙昂揚ニ努メタルガ，其ノ間，特ニ被告人ハ昭和十二年六月開催セラレタル同年八月号ノ編集会議ニ於テ，戸坂潤ヲシテ「マルクス」主義ノ正当性ヲ示唆セル左翼的啓蒙論文ヲ執筆掲載セシムベキコトヲ提案シテ，協議採択セラルルヤ，右戸坂ニ執筆方ヲ直接交渉シテ，同年八月号ノ誌上ニ「ひと吾を公式主義者と呼ぶ」ト題シ，前記提案ト同一趣旨ノ論文ヲ執筆掲載セシメタル外，前後四十数回ニ亘ル編集会議ヲ通ジ，高倉輝等二十数名ヲシテ「漢字ハ日本ニ丈残ルカ」等三十数篇ノ左翼的啓蒙記事ヲ執筆掲載セシメテ，編集部員，並読者大衆ノ共産主義意識ノ啓蒙昂揚ニ努メ

（二）　昭和十四年八月中旬頃，右小森田一記ト相謀リ，左翼的出

版物ノ刊行ヲ通ジテ，大衆ノ共産主義意識ノ啓蒙昂揚ニ資スル意図ノ下ニ，中央公論社ノ出版活動ノ強化ヲ標榜シテ「出版審議会」ノ結成ヲ社長島（ママ）中雄作ニ提議シテ，之ヲ結成セシメタル上，右小森田其ノ他ト共ニ其ノ委員ニ就任シ，爾来，昭和十五年三月頃迄ノ間，同審議会ノ下部機構トシテ「中央公論」編集部員青木滋，片上晨太郎等ノ共産主義者ガ中心トナリテ，同様意図ノ下ニ結成シタル「出版準備委員会」ト連絡策応シテ，左翼的出版物ノ刊行ニ努メタルガ，殊ニ孰レモ同準備委員会ノ協議採択ニ係ル唯物史観ニ立脚シテ，日本外交ヲ論述セル信夫清三郎著「近代日本外交史」，同様唯物史観ニ立脚シテ日本国家ノ近代的発展過程ト，日本憲法ノ制定経過トヲ論述セル鈴木安蔵著「日本憲法史概説」，支那ノ政治，経済，社会等ヲ共産主義者尾崎秀實，細川嘉六等ガ，共産主義的観点ヨリ解説セル「支那問題辭典」，並所謂土地革命ヲ基調トセル櫻井武雄著「日本農業の再編成」等ノ出版企画ヲ積極的ニ支持シテ，之ガ出版ヲ協議決定シ，孰レモ同社出版部ヲ経テ昭和十五年六月頃以降昭和十七年五月頃迄ノ間ニ，逐次六千部乃至一万部発行シテ，一般大衆ノ共産主義意識ノ啓蒙昂揚ニ努メ

（三）　昭和十五年八月頃，所謂近衛新体制運動ガ勃興スルヤ，社内ノ刷新ヲ標榜シテ新体制組織ヲ確立シ，之ヲ社内ノ左翼運動ノ基盤タラシメンコトヲ企図シ，同年九月上旬頃，右小森田一記其ノ他ト共ニ，之ガ具体策ヲ協議シタル上，同年十月下旬頃，社員総会，実行委員会等ノ審議ヲ経テ「協和会」ヲ結成シテ其ノ指導権ヲ獲得シ，爾来，昭和十六年七月頃迄ノ間右「協和会」ノ部門タル企画審議会，「ジヤーナリズム」研究会，社内講演会等ヲ指導スルト共ニ，共産主義者尾崎秀實外数名ヲ招聘シ「支那事変ヲ繞ル国際情勢」其ノ他ノ講演会ヲ開催シテ，社員ノ共産主義意識ノ啓蒙，並社内ノ左翼化ニ努メ

（四）　昭和十六年九月頃ニ至リ，右「協和会」ガ解消スルヤ，同

月下旬頃，麹町区山王下山王ホテルニ於テ前出共産主義者片上晨太郎ト会合シテ，社内ノ左翼化方針ヲ協議シタル上，同年十月初旬頃，社長島(ママ)中雄作ヲ動カシテ，社長ノ最高諮問機関トシテ「理事会」ヲ結成セシメテ，右片上其ノ他ノ同志ト共ニ之ガ理事ニ就任シ，爾来昭和十八年六月頃迄ノ間，毎週一回社内会議室ニ於テ開催サレタル定例理事会等ニテ，社内ニ於ケル左翼的人物ノ重用，「中央公論」ノ左翼的編集方法ノ維持強化等ニ付尽力シテ，中央公論社ノ運営方針ノ左翼化ニ努メタル等，諸般ノ活動ニ従事シ，以テ前示両結社ノ目的遂行ノ為ニスル行為ヲ為シタルモノナリ

被告人ノ右所為ハ，治安維持法第一条後段第十条刑法第五十四条第一項前段第十条ニ該当スル犯罪トシテ之ヲ公判ニ付スルニ足ル嫌疑アルヲ以テ刑事訴訟法第三百十二条ニ則リ主文ノ如ク決定ス

昭和二十年六月九日

横浜地方裁判所予審判事　関重夫

4

日本の敗戦で，あわてふためいた特高と検・判事

1945（昭和20）年8月15日正午，天皇自らがラジオで「終戦」の詔書を読みあげた。連合国の「ポツダム宣言」受諾の決定と連合国への申入れの決定（14日の御前会議）につづくこの放送によって，国民は日本の敗戦＝無条件降伏を知った。

天皇制下の絶対支配権力を笠に着て，拷問など悪虐のかぎりをつくしてきた神奈川県特高，横浜地方裁判所の思想係り検事や判事たちは敗戦という事態に大きな衝撃を受け，あわてふためいた。そして神奈川県特高や検事たちが急いで行ったことは，証拠書類の焼却などによって自分たちの所業のすべてを消し去ることであった。

判事たちは，一日も早く裁判の形だけを整えて（傍点筆者），また畑中をはじめとする一群の“思想犯”（確たる犯罪事実をつかめないのに

暴力によって“思想犯”に仕立てあげた無実の人びと）を拘置所などから「追っぱらう」ことであった。

8月末から9月上旬にかけて“思想犯”たちは十分な審理が行われることもなく，各グループごとに分けられた1回だけの形式的な公判で，それぞれ「懲役2年」の判決が一律に配給され，執行猶予3年～4年で「追っぱらわれ」たのであった。

畑中をはじめ小森田一記，青木滋，沢赳など中央公論社関係の公判は八並達夫を裁判長として9月4日，「傍聴禁止」のうちに開廷された。そして検事が3年の懲役を求刑して昂然と反りかえり，いっこうに恥ずることもないのを被告席から見た畑中は，「人間軽蔑を感じないではいられなかった」と著書の中で記している（281頁）。

改造社関係の人たちは，この2，3日前に釈放されたが，検事は細川嘉六の論文「世界史の動向と日本」の直接担当者相川博と，同論文掲載のときの『改造』編集長大森直道に対しては懲役4年を求刑した。

畑中たちより遅く検挙された日本評論社の美作太郎，松本正雄，彦坂竹男，渡辺潔，岩波書店の藤川覚たちは，敗戦によって審理打切りとなり，「不起訴」または「起訴猶予」という処分のもとに8月末から10月初めまでの間にそれぞれ釈放された。

なおこれより早く中央公論社の藤田親昌，改造社関係の水島治男，岩波書店の小林勇，日本評論社関係の鈴木三男吉など，それぞれ起訴猶予その他の理由で途中出所した。「犯罪の成立」を認めずに争っていた細川嘉六は後に地裁で免訴，また一審の実刑判決を不服として上告した森数男と内田丈夫は治安維持法の廃止により大審院で免訴となった。

しかし中央公論社の和田喜太郎は1944（昭和19）年の12月，編集者関係でただ一人「分離裁判」にかけられ，2年の懲役を言い渡され，上告も却下されて独房で悶絶死したのである。なお，畑中が編集長のときの『中央公論』編集部員浅石晴世も獄死した。

「虚偽の事実」にもとづいて仕立てあげた横浜事件

太平洋戦争の末期段階（1942〈昭和17〉～1944〈昭和19〉年）に起こった最大の言論弾圧事件「横浜事件」は，日本の敗色が濃くなりつつあることを知っていたファシスト軍部と内務省警保局その他の官僚たちが，地方警察（神奈川県・横浜）の背後から弾圧を督励するムチをふるっていたことは確かであった。そして横浜の司法官僚，特に思想検事は，すべての被疑者への逮捕令状を発し，また更新に更新を重ねた「検事勾留」を行ったのである。

かれらは「細川嘉六を中心とした反戦と，共産党再建のための活動」という一大事件に仕立て上げようとして前記のように多数の人びとを逮捕したが，こうした「事実」は，ついに出なかった。畑中は著書の中でこう記す（282～283頁）。

> ……事件が虚偽の事実にもとづいていることに，当時だれよりもいちばんにはやく気づいたのは，ほかならぬかれら自身であったと思われる。それだけにかれらの罪はいっそう許しがたいことになる。それをそうと知りながら，なおかれらをこの背徳に駆りたてたものは，そういう人たちの低劣にしてなおかつ性急な出世欲であり，またそれゆえの，戦時政策への狂信的なまでのかれらの迎合心理にほかならなかった，とでも憶測するほかない。いずれにしても，そういう人たちのあえてした背徳行為は，もはやたんなる不作為的過失ではなく，もっとも悪らつな計画的犯罪行為であったといえよう。つまり私たち横浜事件の被害者は，犯罪者によって捕えられ，かれらの「犯行の具」に供されたうえ，さらに犯罪者によって裁かれたことになるだろう。

そして畑中は自らを鋭く見つめてこう述べる（289～290頁）。

> ……おそらく，読者のだれもがすでに気づかれたであろう，私た

ち犠牲者らの無力と敗残のみじめさ，この一点にかんするかぎり，私たち被害者のほとんどのものは，みずから弁疏すべきなにものもない。検挙されるまえにおいてこそ，戦争勢力への若干の非協力，傍観者的姿勢，ないし，わずかの不服従があったにせよ，捕えられてみれば，暴力のまえには，ごくわずかのものをのぞいて，ほとんど無力にちかかったというほかなかった。組織や統一的支えもなく，世論の支持からさえ完全にたち切られていた私たちは，戦時下の牢獄にあって，ひとにぎりの孤立した無防備集団にすぎなかったのである。そういう悪条件のなかで，なおかつかれらの暴力にたえて，いつかは戦い果つる日まで，とにかく「生き伸びること」そのことが，私にとってぎりぎりの抵抗であるかのごとく感じられた一時期もあったのである。事件を回想するとき，私はいつも大和の在方のさる百姓爺さんのつぶやきをおもいだす。徴発と供出と労力の決定的不足で，まったく孤独などん底生活におちこんだとき，この貧農爺さんは，一人息子の戦死の公報を受けとった。爺さんはぼそっとつぶやいた――

「道理が道理で通るよな世やったら，どだい，戦争など起らへんがな」

ところで事件被害者のうち畑中たち33名は，「特別公務員暴行傷害罪」で神奈川県特高など28名を共同告発した（1947〈昭和22〉年４月）。５年後の1952（昭和27）年４月，最高裁で松下英太郎警部，柄沢六治警部補，森川清造警部補の実刑判決（懲役１年～１年６ヵ月）が確定した。しかし講和条約の恩赦により３人は１日も下獄することがなかった，という。

畑中は1986（昭和61）年７月３日，横浜地方裁判所に対する「横浜事件の再審請求」の申し立て人の一員となって活動した（この年「国家秘密法案」が登場するなどの動きがあった）。第一次申し立ては却下されたが，畑中は1998（平成10）年，再び第三次申し立ての原告団に加わった。しかし年末の12月22日，畑中は逝った。

なお横浜事件の原判決と再審請求のくわしい経緯については橋本進「雑誌編集者から見た横浜事件——五〇年にわたって封印された真相」(『世界』1999年10月号）がある。

5

敗戦直後の中央公論社と嶋中社長の反証問題

畑中は釈放された後，しばらく身体を休め，東京丸ビル内の中央公論社に復職した。以下，敗戦直後から数年間の畑中と同社のことについて，私が『圖書新聞』の433〜435号に掲載した文章によってみてみることにしよう。

1944（昭和19）年７月，改造社とともに中央公論社は，軍部によって解散させられ，また東京小石川原町の自宅も強制疎開にあったので，社長の嶋中雄作は1945（昭和20）年４月，家族とともに奈良県法隆寺村に疎開した。

嶋中は，この法隆寺村で敗戦を迎えたが，戦時中からの胃病もまだ十分回復し切っていない身体ながら直ちに上京，次男鵬二が住んでいた西荻窪の家から毎日，丸ビルの事務所に通って，中央公論社の再建に着手した。事務所は，解散によって一番広い部屋は人手にわたっていたが，一室だけは清算事務所として残っていた。

当時，この事務所には，清算事務をやっていた社員の宮本信太郎など３名しかいなかった。

「雑誌というものは廃刊してしまうと，その再刊は，なかなか辛いものだ」

と，嶋中は，その心境を周囲の者たちに語っていたが，こうした時，嶋中を勇気づけたものは，９月16日，鈴木文史朗がもたらした情報局からの伝言だった。

この伝言がもたらされる４日前の９月12日，情報局第三部長の加瀬俊一は，黒田秀俊（廃刊時の『中央公論』編集長）を呼んで，

「じつは総司令部から，中央公論と改造は政府が潰したものだから，ああいう民主的な伝統をもつ言論機関は，政府が援助してすみやかに再建するようにとりはからったらよかろう，という勧告があった。いずれ政府として，なんらかの意思表示があるだろうが，わたし個人として，それだけのことをお知らせしておきます」

と，語ったが，鈴木からの伝言は，その正式な意思表示といえるものであった。

嶋中と鈴木の関係は深く，それは鈴木が「二七会」（嶋中は，長谷川如是閑，石橋湛山，馬場恒吾，清沢洌，芦田均，正宗白鳥，阿部真之助など周辺の親しい文化人の集まりを戦前から開いていた）のメンバーであり，また中央公論社が解散させられた時，わずかに他社への譲渡が認められた雑誌『図解科学』（『自然』の前身）と，『国民古典全集』などの出版を鈴木は朝日出版局で引き受けて刊行していた。また，中央公論社解体後，鈴木，嶋中，鶴見祐輔（太平洋協会）は，転業させられた築地の「如月」を借り，嶋中は法隆寺村から時折上京しては，ここで鈴木たちと情報や意見を交換し合っていたのである。

さて嶋中は，強力なスタッフによって中央公論社を再発足させようとし，蠟山政道を副社長兼『中央公論』主幹，谷川徹三を『婦人公論』編集長，また谷川の推せんで林達夫を出版局長に決定したのである。この間のくわしい経緯については，嶋中が故人となってしまった現在知る由もないが，蠟山は当時を回想してこう語っている。

> 9月か10月頃，嶋中が自宅に来て復刊の計画を述べていたが，その時，嶋中は「谷川氏には『婦人公論』の方をやってもらうつもりだが，貴方には中央公論の主幹になってもらいたい」といった。私はその時「『中央公論』の復刊を含めて，社自身をたて直すことが大事じゃないか」といい，それには管理者の立場に立たなければなるまいと考え，副社長を引受けた。嶋中は再建の決意に燃えて，気

だけは張り切っていたが，身体の具合も悪いようで，往年の発らつとした元気はなかった。私の娘が嶋中鵬二と結婚しているので，嶋中を助けなければという義理もあったが，こうしたこととは別に，私自身，伝統ある中央公論社を再建したいという気持は強かった。たいした抱負があったわけではないが，私は『中央公論』が従来占めていた地位を反省し，生かすべきものは生かして，さらに新しい時代に即応した編集をやろうと考えた。主幹であるとともに，社全体のことを考えていかねばならぬ以上，嶋中の言うことに，ご無理ご尤もでは意味がないから，私は嶋中に条件をつけて副社長を引受けた。

谷川徹三を『婦人公論』の編集長にすえたのは，谷川が，戦争末期，目白の国民生活学院の院長をやっており，この生活学院が『婦人公論』とは深い関係にあったからである。

嶋中は蠟山の言葉のように病気の身体で元気がなかったが，それでも多くの人に会って意見を聞いたり，また政治の動きには強い関心を払っていた。ある時，「首相の東久邇宮の演説を議会で傍聴したい」と言い，元社員で，当時日経の記者であった寺内義武から記者証をもらって寺内と議会に行った。

議会記者といえば大体若く，嶋中が記者席に坐っているのはどうも場違い。

「嶋中さん，なんだかジロジロみられているようでいやですね」

と言われて嶋中は，

「僕は老記者だよ，そうはみえんかね」

と，答えて，ニヤニヤしながら演説を聞いていた。

さて蠟山は昔，『社会思想』の編集を手伝ったことがあるだけで，商業雑誌の経験は皆無，さらに社全体の方針も考えねばならぬとあって弱ったが，蠟山が種々相談したのは，仁科芳雄，大内兵衛，東畑精一，桑木巌翼，大佛次郎，緒方富雄，今野武雄などであった。また蠟山は，社の背景として強力な精神的援助を受ける団体である「中央文化協会」の設立を考え，10月20日，前記の人たちを理事とする第１回の理事会を開いた。当日は，『中央公論』の復刊にあたってその指標とすべき点についての意見の交換，また科学雑誌，婦人雑誌，文芸雑誌についての討論も行われた。そして，12月20日前後に，新年号として『中央公論』復刊第１号を発刊することになったのである。

10月29日，丸ビル精養軒に全員が集合し，病中の嶋中に代って，副社長蠟山が発足の挨拶を行い，社の機構と部署の配置も決り，ここに中央公論社は戦後の第１歩を踏み出したのである。

当時は社員の数も20名に満たなかったが，年末から1946（昭和21）年の初めにかけて，栗本和夫そのほか徴兵，徴用などでとられていた社員たちも続々と復社してきた。

中央公論社は，横浜事件後，対軍部への抵抗をやわらげようとして，その存続策をはかったが（結局それは何の効果ももたらさなかったが），こうした複雑な過去を背負っているだけに，人事的な面でむずかしいところがあり，解散時の責任者が居づらくなって身を引くというケースもあった。

戦時中の行動に対して，厳しい批判の眼を向ける空気が社内の一部に強くあったことが，やがて後述する“嶋中社長反証問題”にまで発展するのだが，『中央公論』復刊第１号は予定どおり刊行された。その目次を記せば，以下のとおりである。

▽主幹巻頭言・総選挙に当つて国民に寄す▽蠟山・我が国体と民主主義▽中山伊知郎・経済民主化の基本問題▽横田喜三郎・戦争犯罪と国際法の革命▽岩淵辰雄・所謂「三月事件」（軍閥の系譜）▽谷川徹三・学窓に帰つた学徒に▽羽仁五郎・福沢諭吉▽壺井栄・飢餓の街▽永井荷風・浮沈，ほかに斎藤茂吉の短歌，小吟，世界展望，社会時評など。

主幹巻頭言は，勿論，蠟山が書いたが，最初これは，たいへんに長い。

「蠟山さん，これでは頁に入りません」

と，編集部員にダメを出されて，適当な長さに書きなおすため蠟山は苦労した。

ところで嶋中が，蠟山，谷川，林の３人を社の中心に据えたことは，嶋中自身，学者とジャーナリストとの相違を知り過ぎているだけに，中央公論社再建の新しい意欲と抱負が並々でなかったことを示す。しかし，この主幹制にたいしては当初から，社員の一部で批判が強かった。それは「主幹制は時代錯誤である」ということと，「学界人や思想家を，しかも当然予想出来るこれらの著名人の社外活動をも，そのまま，このせせこましい出版企業の内部に抱えこむことができるかどうか」ということなどであった。

出版社が，著名文化人を顧問の形でブレーンとして抱えこむことは普通だが，商業ジャーナリズムの第一線に，これらの文化人を据えたのは中央公論社が初めてといってよく，当時，その成否が注目されていたが，内部的にはあまり順調なすべり出しではなかったようである。これについて畑中繁雄は，

> ……完成されたこういう人々のアイディアと現場の意見が討議をへてもっと高いところへつきすすむ結果をみないで，かえって審議は妙な公約数におちこんで三すくみの停滞に流れる。さすがに当の社長ももてあまし気味で，そのイライラと，とばっちりが，こちらにもはねかえってくる。このような著名人を，なお一社員としてみずからの統率下におこうとすることにもともと無理がある。(『圖書新聞』278号第４面・編集者の日記)

と書いている。このことについては，後日「みずからの不明のいたすところ」として，嶋中自身，畑中に述懐したことがある，と畑中は言う。

こうした困難さはあったが，再発足直後の『中央公論』は，順調な売行きを示し，1946年頃から雑誌社とは切っても切れない“原稿持込み風景”も出てきた。

ある日，受付子が，「河崎……」という見なれぬ名刺を畑中のところに持ってきた。

その青年は，しおたれた背広を着ており，かさかさの原稿を前に出した。

「小説を書いたんですが，読んでいただけますか……」

「河崎は本名ですが，じつは私，山村聡といいます。ご存知ないでしょうね，新劇の役者の……」。

山村聡のこの小説は，ひとかどの作品で，畑中も採択してみようという気が動いたが，テーマがどうにもいけなかった。黒人兵と日本の人妻の交情を描いたもので，これはCCD（連合国軍総司令部の民間諜報局民間検閲支隊）の検閲には絶対といっていいほど通らない。畑中は，やむなく断念した。

“持込み”といえば，これより大分後のことだが，兵隊服を着た，まだ無名の野間宏が，原稿をもってきた。「ネチネチしてえらく難解である」と，中央公論編集部はこれを返したが，この作品こそ後に評判になった「暗い絵」である。

ところで当時の中央公論社には，軍人，シビリアンを問わず，えたいの知れないアメリカ人が度々（たびたび）あらわれていた。

ある年若い，CIE課員だと名乗るアメリカの中尉などは，社内にあった雑誌の中の「民主戦線をいかに結成すべきか」という論文をスラスラと日本語で読みこなす。また「『中央公論』執筆者のうちコミュニストを書き出してほしい」という，GHQの示達らしいものをもって訪ねてくる者もあった。

そして一方では，「『中央公論』を“反動的”だと規定した一部進歩派の中に，『中公』に対する執筆拒否への動きがある」などという情報も，もたらされたりしていたのである。

さて，『中央公論』につづき，1946年４月号から『婦人公論』が復刊，５月には『自然』が創刊され，また石川淳『黄金伝説』などの単行本も出版されるなど，社の再建は，ようやく軌道にのり始めた。

「黄金伝説」は，1946年3月号の『中央公論』に掲載されたが，単行本の『黄金伝説』として出版されたものには，この「黄金伝説」という作品は収録されておらず，石川の他の作品があるだけ。これは事前検閲を受けるため刷り上がった本をGHQ(連合国軍総司令部）に提出したところ，「黄金伝説」の1篇が全部削除となったからである（『中央公論』に載った時は，終わりの2，3行——黒人兵と日本の娼婦が皇居前広場で恋を語らう場面の削除だけですんだが)。

検閲といえば，谷崎潤一郎の「A夫人の手紙」もひっかかり，これは「飛行機」がでてくるのがいけなかった。そのほか民科グループの農業問題の座談会が17頁にわたって削除されるなど，新聞・雑誌にたいするGHQの検閲はきびしかった。

こうした様々な問題はあったが，1946年から1947年の上半期までの中央公論社の歩みは順調であった（この間，蠟山政道，谷川徹三は社を辞し，谷川は国立博物館次長に就任した)。

1947（昭和22）年8月14日，中央公論社の従業員組合大会が開かれた。社長嶋中雄作の“追放反証問題”が中心議題の一つであった。これを皮切りとして同社は，以後半歳余にわたって大きくゆれ動いていく。

ところで1947年という年は，吉田首相の「不逞の輩」発言，2・1ゼネスト宣言，日本国憲法施行（5月)，片山内閣成立（6月)，全日本民主主義文化会議（7月)，財界・報道関係991名の追放，11宮家皇籍離脱，国家公務員法の公布，キーナン主席検事の「天皇に戦争責任なし」との声明，GHQ労働課長が山ネコ争議に警告（以上10月)，国鉄労組反共連盟結成（11月)，炭鉱国管法成立，全逓地域闘争につづく各労組のスト・サボの激化，社会党左派が党内野党を声明，共産党第6回大会(以上12月）等々の年であった。

社長がやめるか，組合首謀者がやめるか

さて，“追放反証問題”だが，嶋中雄作は，従業員組合大会が開かれる以前，戦時中から『中央公論』に関係し，当時の事情を知っている畑中などの社員たちに「戦時中『中央公論』に掲載した論文の中には軍国主義的，超国家主義的な論文がいくつかはあるだろうが，それらは軍部にたいする偽装と『中央公論』を存続させるための止むを得ない措置であり，だからこうした該当論文に対する反証作製に協力してほしい」といった意味の申入れを行った。

ところが，組合大会では「組合員が経営者の追放反証のデータ作製に協力するのは妥当でない」，「横浜事件後『中央公論』は軍部に屈伏して醜態をみせた。社長の公職追放は当然である」，「GHQは追放に協力すべきだという声明を出している」等々の強硬意見が出，これが大勢を支配した。

「組合はいかなる反証事務にも協力しない」という回答を受取った幹部会（会の構成メンバーは林達夫，畑中，栗本和夫，宮本信太郎，山本英吉）は，ただならぬ空気につつまれ，嶋中社長は，

「そういう決定をする組合は社長の辞任を迫るものだ。社長がやめるか，そういう謀議の首謀者に去ってもらうか，そのいずれかである。この席に自分がいない方がよかろうと思うから，諸君で慎重に相談のうえ，結論を後刻うけたまわる」

といって中座したのである。

従業員組合は，前年の1946（昭和21）年3月8日，岡本正などが中心になって結成されたが，嶋中は，

「うちには子飼いの社員もいるし，なにも組合なんか作って経営協議会などといって表立ってやることもないじゃないか」

と，蠟山などに話していた。しかし，蠟山は，

「やっぱり新しい時代としては組合も必要だろうし，経営者としてはこれを積極的に育てていく気持が大事だろう」

と言って，蠟山は組合規約の相談などにもあずかっていた。谷川徹三，林達夫なども，蠟山と大体同じ意見だったようである。

嶋中は，「雑誌にはディクテーターシップが必要だ」ということをよく言っており，この考え方が組合の圧力と，当時の急激な“民主化風潮”によってくずされていくことを心配していたようである。

こうした嶋中の気持を察して馬場恒吾などは，栗本和夫に，

「嶋中君は，戦時中，横浜事件や対軍部の問題でずい分苦労した。やっと戦争が終わったら，“反証拒否”などと社員たちに言われる。これでは嶋中も可哀想だ，君たちが嶋中をしっかり支えねばいけないよ」

と，言っていた。

従業員組合大会での“反証拒否”は，嶋中にとって，かねてからの心配があたったことを示すものだった。

ところで嶋中が幹部会の席上で，強硬な態度を示したのには，さらに他の原因もからんでいたようだ。それは，『中央公論』の編集方針についてであり，なかでも高倉テルの巻頭論文「天皇制ならびに皇室の問題」，編集部のインタビュー記事「高松宮と語る・皇室の家族制度について」などに対する不満であった。

前者は1946年８月号，後者は1947年８月号に掲載されたが，高倉テルの論文を巻頭にすえたことをめぐって幹部会は対立，編集長の畑中は，幹部の一人から「あれは共産党の宣伝記事だ，ああいう論文を載せる編集長の見識と責任を疑う」と面責されたのである。これを待って嶋中も同調の言葉を述べた。

インタビュー「高松宮と語る・皇室の家族制度について」は，若い記者の質問に対する高松宮の回答の終わりに，＋（プラス）と－（マイナス）をつけた記事。このプラスは記者が「進歩的」であると判断した回答につけ，マイナスは「保守的」と判断したものにつける。

新憲法が施行され，10月には秩父，高松，三笠の３宮家を除いて11宮家の皇籍離脱が行われたわけだが，この記事に対して嶋中は，戦後入社

の若い記者を呼びつけて叱りとばし，後日，山本英吉（当時『婦人公論』編集長）と一緒に，モーニングに威儀を正して宮家に謝罪に行ったといわれている。

“反証拒否”，高倉の巻頭論文，高松宮のインタビュー記事，さらにこれに加えて，社内の民主化を全組合員にアピールするためのメモを一組合員が“落とし”？，これが嶋中社長の手に入ったことから嶋中は激怒した。

このメモは，嶋中社長が追放された後の社内体制をどうするか，といったことなどが記されているもので，これは他の事情を知らぬ組合員には“不可思議な”事件だった。

当時の組合は，発足間もないこととて，組合運営の上でもいろいろと難しい面があり，組合員相互のコミュニケーションによって事を運んでいくというような形になっておらず，「社長追放後の社は，合作社のような形態でいこう」と個人的意見を述べる組合員が一方にある反面，「中央公論社は進歩的な仕事をしている会社だ。だから変なことをいって進歩的でないと思われると困るから，とにかく反対でも賛成しておこう」といった組合員もあり，組合員個々の考え方はばらばらであった，という。

首謀者の馘首に割りきれない林，畑中ら

こうした様々な事件によって，嶋中は首謀者と目した２名（岡本三郎，梅田晴夫）の馘首を組合に通告した。林達夫は，こうした組合のやり方を，「その気持は分るが，少し大人気ない」と語っていたが，横浜事件で拘引された畑中繁雄，益田直彦（第一出版部長）も“割り切れない”複雑な気持をもった。

畑中は『中央公論』掲載の該当論文につき反証を書いたが，その当時の心境をつぎのように書いている。

……札つきのものはべつとして，戦争中そうしたものを採り上げたジャーナリズムのひよわさを，もういちどじぶんにいいきかせるような思いである。狂暴をきわめたあの言論圧迫のなかで，とにかく奴隷の言葉にたくして，なお孤独な良心をつらぬこうとしたいくつかの論文をただ形式的に，その奴隷の表現だけをとらえて，軍国主義的論文に一括してしまうことには絶対同意できないと思う。該当論文のうちには，戦争中，この国の軍官から好ましくない執筆者，記事として，また特高警察によって擬装せる共産主義的理論の烙印を捺されたものまで含まれている。ごくわずかな風雪のうつりかわりのうちに，それらの内容が政治的に勝手に割り切られることにどうにも抑えようのない怒りがこみあげてくる。たんなる反証としてよりむしろプロテストとして書かないではいられない衝動につきあげられる。……組合の出方の是非はべつとして，おそらく，多分に性急な，しかし有為の青年たちのうえに，ちかく襲いかかるであろう暗い運命を想うと，いてもたってもいられなくなる。再建いらい，わだかまりはじめたもやもやしたものが，とうとう決定的な爆発点にきてしまったことをおもう。（前掲『圖書新聞』「編集者の日記」）

一方，組合では2名の馘首に反対，その復職を前提とし，8月14日の組合大会以前の線に戻して会社と話し合うことを決めた。

また，組合のやり方に対して批判的であった畑中，益田も，この馘首には納得出来なかった。このため2人の態度は，“組合に理解の態度を示すもの”として，嶋中の心証を害する結果となり，畑中，益田は，やがて自ら身をひくのである。

嶋中には，一度言い出したら絶対あとに引かないという頑固なところがあり，“反証”問題その他組合のやり方に対して立腹してしまった嶋中と今後スムーズにいかないことは，古い社員である畑中と益田にはよく分かっていた。

ところで事件は，岡本，梅田，畑中，益田ら4名の退職によって落着はしなかった。それは，この直前に，鈴木東民たちが退職して一応終止符が打たれた形の「読売新聞社の争議」があり，こうしたことも反映して組合側と会社側の対立は，いっそう尖鋭になっていったのである。やがてこの対立は“編集権”の問題にまで発展していくのだが，岡本，梅田の退社につづいて，益田，畑中が辞表を提出したことから，従業員組合側では，その復職をめざして動き始めた。しかし，さきにも記したように従業員組合の内部は複雑で，一致した行動はとりにくかった。

8月14日の従業員組合大会では，嶋中社長の追放反証のデータ作製には協力しない旨の決議を行ったが，事態の経過とともに，従業員組合の内部には，十分納得のいく審議がつくされることなく決議が急がれた点に対して，疑義と批判が生まれてきていた。こうした批判はやがて，「こんどの事件は組合の一部の人びとと会社側との対立であって，いわゆる会社対従組の全面的対立ではない。組合自体は，現在，この両者の調停機関としての役目を果たそうとしている。今後経営協議会で一部の信念上の対立をとくように努力したい」（9月8日，中央公論社で行われた会社，従組と記者団との会見における南委員長の経過発表）という考え方が大勢を支配し始めたのである。

一方，「二七会」のメンバーで嶋中と親しい馬場恒吾などは，読売争議の事件以来，時折連絡していたCIEのインボデン少佐に，何かの話の折に中央公論社の問題を話していたようである。

ところで組合の大勢が，次第に前述の方向に傾いていくにしたがって，『中央公論』編集部員（海老原光義，大野欣一，清水英夫など）を中心とするグループは，漸次少数派に追い込まれていった。

“反証問題”の折の組合強硬派ともいうべきものは，最初出版部のメンバーが中心で，『中公』編集部は，畑中部長の助言もあって，あまり矢面に立っていなかったが（若干の部員は活動していたが），畑中部長の辞表提出を契機として，『中公』編集部も急速に活動の表面に出てきたのである。

復職問題が行悩んでいたある日，CIEのインボデン少佐から『中公』編集部に，

「今度の問題について事情を聞きたいから」

という連絡があった。部員が出かけたが，インボデン少佐との話し合いの過程で明らかになってきたことは，これ以上運動をつづける時には，CIEが経営者も処罰するといった強硬な態度であること，また，今回の運動は，プレスコードおよびニュージェント声明にも違反する，ということだった。

ニュージェント声明は，前年の1946年10月，鈴木東民らの退陣によって終止符が打たれた「読売争議」の折に出された声明だが，内容は，“編集権はオーナーにある”こと，その他“これに不満なものは，自由に他の職場に移る権利をもっている”というもの。

ところで読売争議とは，社長の正力松太郎を「戦争責任あり」として社外に追放したあとの読売新聞社が，組合の経営参加によって運営され，やがてGHQが読売を好ましからざる新聞として，6月，インボデンがみずから新聞社に乗り込んで組合幹部6名の馘首を通告，これが発端となり，以後4ヵ月にわたって紛糾をつづけた事件である。

CIEがプレスコード，ニュージェント声明違反であるとの意向を明らかにしたことから，『中公』編集部員は，フリー・プレスの立場から，編集権の自主性を守るため仕事上で親しくしていた外人記者を通じて「プレス・クラブ」の外人記者団に事情を話した。

GHQの報道制限，その他の政策に対して批判的であった記者団は，言論の自由の問題として動き始めた。これを契機として日本ジャーナリスト連盟も『中公』編集部員たちの運動を支持し，その他の団体も活動を展開した。

日本ジャーナリスト連盟は，1946年1月30日，「言論の自由確保」「編集権の確立」「ジャーナリストの生活擁護」などをめざして結成されたが，とくに「編集権の確立」をうたったことは，戦時中なめた苦い経験

を再びくりかえしたくないためでもあった。

日本ジャーナリスト連盟では，9月26日，第2回総会を開催，「中央公論事件は編集自主権をじゅうりんするものであり，速やかにかつ公平な解決を要請する」旨の声明を発表，また印刷出版労働組合中央執行委員会でも，桐原副執行委員長が中央公論社に対して声明書を手交した。また『世界』『改造』『日本評論』『人間』『世界評論』などの編集長からも，すでに辞表が受理された畑中繁雄編集長らの復社と，今回の処置を一切白紙に返して考慮するよう勧告を行い，中央公論社問題は，出版界，文化界の注目を浴びるにいたった（「今回の処置を一切白紙に返し……」というのは，9月下旬，大野，清水が休職処分に付され，畑中編集長の辞表も受理され，『中公』編集長に山本英吉，『婦人公論』編集長に蘆原英了が就任したことを指す）。

編集権についての論議は，当時のジャーナリズムの上で活発に行われたが，日本ジャーナリスト連盟書記長・美作太郎は，

> ……少数の例外を除けばわが国の出版業には封建的な色彩が濃厚で，経営者のなかには編集者を「雇い人」として酷使することを当然と心得，営利上の打算と時の移り変りに藉口（しゃこう）して編集者の機能に干渉を加えることを何とも思わない人が少なくない。気の弱い編集者は，しぜん小心翼々たる卑屈な「サラリーマン」となってしまう。……編集者の地位や役割を「権利」にまで高めることは，編集者の利己的な要求ではなく，社会的に必要なことである。そのためには，編集者が従来の孤立性，ルンペン性を捨てて一団となり，日本民主化のための自らの重大な責務を果たすにふさわしい協力を実現するほかないであろう。

と書いている（『日本読書新聞』1947年10月29日号）。

しかし一方，アメリカの新聞・雑誌にふれての鈴木文史朗のつぎのような意見もあった（同・1947年11月12日号）。

……GHQのインボデン少佐がくり返しくり返し，機会ある毎に日本の新聞，雑誌社に向って「社長や経営者は紙面に対しても責任をもつものである——従って，編集責任者は社長や経営者の指導の下に立つものである」と説いているのは，アメリカにおいて新聞雑誌界の公理となっていることをいっているのである。これは健全なデモクラシーの運営の一基本条件である「権利の行使と共に義務の履行」の観念からも来ていると思われる。

さて，こうした動きと論議の中に，依然，社内では問題がくすぶっていた。しかし従組の足並みはそろわず，山猫争議に近い形で終わらざるを得なかった。

嶋中社長は「公職追放」に該当しない

やがて，追放に該当するかしないかを決定する「中央公職適否審査委員会」は12月7日付官報号外で出版関係社の追放・非該当者を発表（11月16日〜30日までの審査結果）したが，中央公論社社長嶋中雄作は「非該当」となった。

嶋中は，この直前の11月26日，長男の晨也（出版部に在籍）を失い，また経済闘争，"反証拒否”に始まる社内の内紛に心を痛めていた。それだけに非該当の発表は，嶋中にとって，明るいニュースであったろう。

しかし一方，1948（昭和23）年に入って，『中公』編集部員を始めとする「将来，社の中堅になってもらう人たち」（栗本和夫）——海老原，大野，清水，堀江弘（『自然』編集部員）以下15名があい前後して退社，という結果になった。また，これからしばらく経って，出版局長の林達夫も社を辞した。林は会社と組合の板ばさみになった，といわれていたが，「是々非々主義の立場を通した」（畑中）といわれる林としては，苦しい立場だったろう，と想像される。

外人記者団，ジャーナリスト連盟その他外部の支援はあったが，内紛の終止符は，結局インボデン少佐からの強硬な通告によって打たれたともいえるだろう。

“反証問題”が起こった当時は，ホイットニー派の線にあるレーバー・セクションと，ウイロビー派のCIEのインボデンなどの勢力が若干均衡状態にあったが，時日の推移にともなって次第に後者の力が強くなってきたというGHQ内部の問題とか，「民主化」闘争の問題，追放の問題などが，賃上げに始まった従組の経済闘争の中に入りこんで来たことが中央公論社事件を複雑化し，15名の退職者を出す結果になった。これは敗戦直後の悲劇的出来事の一つだったといわねばならないだろう。そして，中央公論社事件は今日でもなお多くの見なおさなければならぬ点を含んでいるといえる。

海老原，大野，清水，堀江たちは，河出書房の河出孝雄の援助で「近代思想社」を設立，ダレル・ベリガン『やくざの世界』，松本治一郎『部落解放の三十年』，松田智雄『近代の史的構造論』などを出版したが，やがて解散し，それぞれの職場を求めて散っていった。

一方，中央公論社は，50名足らずの社員の中から15名の退職者を出し，「以後社の活動の上で大きなマイナスになった」（栗本）が，嶋中を中心に，栗本，宮本，山本，吉田，小倉，高野，三沢の旧社員，さらに蘆原英了，長谷川鉱平，永井成雄が協力して事態の収拾にあたった。

嶋中雄作は，谷崎潤一郎の『細雪』が朝日賞を受けた直後の1949（昭和24）年１月17日，熱海の別邸で宿痾の胃潰瘍で倒れた。「法輪院釈文雄」がその法名である。

6

“亡国”へとつながることば群

以上，戦前・戦中そして敗戦直後数年間の畑中繁雄氏の体験をたどってきたが，いま，私には，次のことばの数々が順不同に思い浮かんでくる。「権力と暴力」「少数意見の圧殺」「メディアを通じての大衆操作」

「時局便乗と保身」「新しい衣裳をまとった曲学阿世の言説」「立身出世と高“学校歴”エリート？の頽廃と跋扈」「人権侵害」「差別」……そして「大勢順応主義」。

これらは50数年前の時期にだけ通用したことばであろうか。1960（昭和35）年の安保条約改定以後，日本の保守的な体制は次第に強化され，1999（平成11）年10月現在，自自公3党の政府による新ガイドライン，憲法改正の推進，日の丸・君が代の法制化，盗聴法，国民総背番号制＝住民基本台帳法改正等々の事態に私たちは直面している。前記の“日本亡国”へとつながりかねない一群のことばは，その実質を変えずに依然根強く日本の社会に生きつづけている。さらに「政・官・財（業）と，暴力団，総会屋など闇社会との癒着」「アメリカの戦争への日本の参戦」等々の語句もますます勢いをつけてきている。

私は畑中氏とお会いして，お話をうかがおうと思っていたが，氏のご逝去で，それは不可能になってしまった。

ところで畑中氏は生前，セツ夫人との連名で私たちへの「あいさつ」を用意されていた。ご遺族の諒解を得て公表させていただくことにした。

このたび唐突に　かようなご挨拶を申しあぐる失礼のほどあしからずご寛恕くださいますよう　まずはお願い申しあげます

本状はじつは　私ども両名の死後処置について　かねて念願といたすところを　あらかじめ小簡にまとめおき　私どもの没後その発信方を遺族のものに托しおきましたもので　いうなればこれは　生前あらかじめしたためおきました私ども自身の「死亡通知」にほかなりません　常軌を逸して早手まわしのこのような措置をあえていたしました非礼をここにかさねてお詫び申しあぐるしだいであります　おそらく本状がみなさまがたのご披見を辱ういたしますころには　遺体の方は　これまた私どもの遺志にもとづき　すでに東京慈恵会医科大学の解剖学教室宛て献体を了している手筈になっており

ます

なおこれまた　両名のつよい遺志にもとづき　私どもの死去にともなう戒名　読経のたぐいはもとより　葬儀　告別式など諸行事はいっさいとり行なわぬ申しあわせになっておりますので　したがってご香典　献花などお供物のたぐいも　謹んでかたくご辞退申しあげたきこと　あわせ各位のご諒承をえたく　生前あえて一筆書き遺しおきましたしだいであります

さてここに　いささか両名の来し方をふりかえってみますに　なにぶんにも私どもの生きた時代がまさに　文字どおりグローバルな激動にゆさぶられとおした時期でありましたがゆえに　私どももまたそれなりに　その狂涛におしひしがれる底の局面にもしばしば遭遇はいたしましたものの　しかし反面　私ども自身の個人的生活面におきましてはまさに気随気儘なむしろ恵まれた生涯であった　としみじみ想いかえされます　これはまさに　私どもへの各位のいつに変らぬご理解とご寛容にささえられてのことと　その点ふかく省観　ここにあつくお礼申しあぐるしだいであります

皆さん　ながいあいだ　なにかとほんとうにありがとうございました

将来いつの日にか　核なき世界の恒久平和をこそ願え　個人面ではもはや　なんの思い遺すこともございません　まさに　名もなき路辺のせせらぎにうかんだ小さな泡沫がひとつ　ぽつんとはじけちるごとく　無限の静逸のうちに　ひとり無に帰しさることをこそ願うものであります

ではみなさん　さようなら

以上　生前なお意識の乱れを自覚しない時機において　あらかじめしたためおきました　いうなればこれは　私ども両名の「公開の遺言状」とも申すべく，もちろん身内一同のあらかじめ承認いたすところのものではありますが　しかし反面　私どものこのような死後処理の仕様は　今後遺族たちの場合にも　そのまま貫徹を願うものではさらになく　彼らの場合は　彼ら自身のまったく自由な意志にもとづいて　それぞれ決めらるべきことがらであって　私ども両人の仕方の埒外にありますことを　念のため申し添えておきます。　(1999年10月記)

Ⅸ　岩崎勝海氏の仕事と生き方
——出版編集の「社会的責任」を掘り下げる

1

『出版ジャーナリズム研究ノート』を出版

前章で述べたように，1963（昭和38）年11月，私は『圖書新聞』の編集部から離れ，単行本の出版部新設の仕事に従うことになった。1948（昭和23）年，新卒で日本出版協会刊行の『日本読書新聞』記者となり，1950（昭和25）年３月，『圖書新聞』（前年，日本出版協会の編集室長で『日本読書新聞』編集長の田所氏が圖書新聞社を創業）に移り，約15年間，新聞編集の仕事だけをつづけてきた私には，単行本の企画・編集・出版という仕事は，まったく未知の分野であった。

様々な苦労と不安があったが，まず『圖書新聞』の読者を主な対象とした二つの系列の企画——①学者・研究者・思想家・作家などの著作リストと解説の本，②出版・新聞・放送などジャーナリズムについての研究文献の企画を考え，今井寿一郎『丸山眞男著作ノート』，上野正治『大塚久雄著作ノート』，立間祥介『竹内好著作ノート』，別所直樹『太宰治研究文献ノート』，笠原一男『親鸞研究ノート』，堀尾青史『年譜宮澤賢治伝』，そしてジャーナリズムの研究文献として畑中繁雄『覚書昭和出版弾圧小史』（Ⅷ章を参照），『中央公論』の瀧田樗陰の下で働いた木佐木勝の『木佐木日記』，新井直之『戦後のあゆみ——新聞ジャーナリズム』などを刊行した。

岩波書店の「岩波新書」編集部員・岩崎勝海『出版ジャーナリズム研究ノート　付・文献目録』（Ｂ５判・本文横組み・152頁・函入り・650円）を出版したのは1965（昭和40）年（奥付＝１月31日）であった。

岩崎氏は，初めての，自著について「あとがき」でこう記す。

私は一介の編集者である。このノートの「出版という職業」の章にも記述したが，編集者の日々の仕事というものは，正直にいって“気楽な稼業”とは縁遠いものである。しかも，仕事の一つ一つは，ことごとく雑務の連続であって，好んで不規則な生活をする訳ではないが，とにかく無我夢中のうちに私は，いわば就業時間も，親孝行の方も打ち忘れて，十五年を過してきた。

数年前から私は，日本の文化に対して，出版という部門で責任を負っている職業にたずさわる“一兵卒”として，「日本の出版ジャーナリズムが如何なる歴史を持ち，なにが今日の特徴であり，一体これからどうなるのかというようなことを，もっともっと知らねばならぬ」といった話題を，出版各社で働いている友人たちと折あるごとに語り合ってきた。しかしながら，編集者としての日々の仕事に没入して，別に体系立った研究を手がけるでもなく，ただのおしゃべりでやり過してしまっていた。

ところが1964年４月，「大学生に話をするつもりで，研究文献ノートをつくってみろ」というすすめを受けて，いや応なく，「もっともっと知らねばならぬ」ことに突っ込む破目になってしまった。そして，それからというものは，仕事で動き廻る間の電車や汽車の中を利用して，出版ジャーナリズムの諸先輩の多くの著書を中心に，専ら出版ジャーナリズムに関する文献を読んだ。そして私は今迄気付かなかった沢山のことを学んだ。しかし，それを短時日のうちに整理不十分なまま記録した，まだ研究以前の段階というべきこのノートが，読んで下さる方々にとって何かのお役に立つかどうかは，私にはまったくわからない。

このまだ研究以前の段階は，これからこそ多くの方々に御教示を仰ぎつつ，じょじょに乗り越えて行きたいと私は思っている。（以

下略）

岩崎氏のこの本は３部にわかれている。以下，氏の「はじめのことば」と，「目次」を次に紹介してみよう。

このノートは，今日，日本の出版ジャーナリズムがいかなる実態にあり，またいかなる性格と特徴とをもって出版文化の発展という社会的責任を履行しつつあるかということを分析し明らかにするための，いわば研究準備ノートというべきものである。

第一部は，多くの書籍や雑誌などに記された，出版ジャーナリズムに関する記述から，私が覚書として雑然とノートしたものを，私の問題意識に基づいて若干編成・整理して提示したものである。関心をもたれる方々と，これからの研究において討論したり，問題を究明してゆくための私なりの呼びかけである。なお，文中の引用はすべて新カナ新字体にあらため，また，小見出しは圖書新聞社の編集部の手によってつけたものである。

第二部は，出版ジャーナリズム研究のための文献として，昭和20年の日本敗戦後のものを中心に私の知る限りでの書籍資料をあげ，雑誌については昭和20年日本敗戦後の『中央公論』『世界』『文藝春秋』その他数種のものについてのみ拾ったが，もちろん，書籍・雑誌とも不十分なもので，これも今後の研究により整備するほか現在の私にはいたし方がない。なお，新聞については，『日本読書新聞』（昭和20年日本敗戦以降）『圖書新聞』『週刊読書人』など，いわゆる現在の書評三紙についてのみ拾った。

第三部は，昭和20年以降各年について，出版ジャーナリズムの動向を大ざっぱに概説，また年々の特徴的な事柄をいくつか簡単に注記し，年表にかえて問題の引出しに役立てようとしたものである。

《目　次》

2

総合的な分析・研究への問題提起

岩崎氏は，まず出版ジャーナリズムについての研究の対象と目的をこう記す。

> ここでの研究の対象は出版ジャーナリズムである。しかしながら，「時事性――大衆性――定期性」（清水幾太郎著『ジャーナリズム』岩波新書，昭24）をその特質としてもっているジャーナリズムの側面からだけ，出版をとらえるということではない。学問・文化・娯楽等広般な分野にかかわり，かつジャーナリズムの一翼をも受けもつところの出版全般についての研究である。従来，出版ジャーナリ

ズム研究には，おおかた二つの方向からのアプローチが行われてきたように思われる。その一つはいわゆるジャーナリズム研究の一部として，他の一つはいわゆる書誌学的方法である。そしていずれもそれぞれに一定の役割を果しつつ，日本における出版の分析なり位置づけなりをおこなってきた。けれども，たとえばいわゆるジャーナリズム研究においては，出版部門の研究は，新聞や放送の研究に比してどうしてもそれらの風下におかれ，ことに近頃のジャーナリズム研究がいわゆるマス・コミュニケーション論にいちじるしく傾斜しているために，出版についての総合的な研究は，いっそう片隅に押しやられる結果になっているように見える。また，もう一つの書誌学的方法による出版の研究は，『日本出版文化史』（岡野他家夫，春歩堂，昭34）などの労作があって，何時どのような書籍が世に出たかということを知る上できわめて役立つのであるが，出版ジャーナリズムの構造や機能，その変化などを追求することは出来ない。

私はかねがね出版ジャーナリズムに関する研究のこうした状況について，いささかあき足りなく思ってきた。後にくわしく見るように，世界屈指の出版国であり，日本人の精神生活に重大な影響を持つ出版ジャーナリズムについて，もっと総合的な分析・研究がなされる必要があると私は考える。以下このささやかなノートは，その分析・研究の結果ではなく，そのための手さぐり的準備作業であり，若干の問題提起であり，また，関心のある方々にむけての共同研究の呼びかけのつもりである。

そして，岩崎氏は本書で追求していく諸点について，次のように書く。

私は「著作者や編集者の所産である原稿あるいは原図を，印刷・製本の工程を経て，書物や雑誌などの形にし，これを販売機構……によって読者に提供する」一連の知的、職能的な行為が，そして「人間の精神生活，社会福祉に貢献しようとする面と，営業として成立させる関係上，利潤を得ようとする面」とを併せもつ出版業が，今日の日本において実際にはどう展開し，いかに他の社会的職能や行為とかかわり合っているのか，ということを歴史的・社会的ならびに経済的に検討し，そしてまた，これからの日本においては，こうした職能的な行為は一体どうなるのであろうか，ということを追求したいと思うのである。

日本の資本主義の中での出版産業の位置

私は『圖書新聞』の記者として約15年間，日本の出版ジャーナリズムと出版業界を見つめてきたわけだが，不勉強と，多忙な雑務の中に埋没し，雑然とした，断片的な知識の「量」は増えたものの「出版」というものについての「深い観察と分析によって得る知識と理論化」は薄弱・貧困であったと思う。

岩崎氏のこの本で，私は様々なことを教えられたが，特にⅢ章の「出版ジャーナリズムの経済的特質について」と，Ⅳ章の「出版という職業――主として編集者の仕事について」を，はじめて氏の生原稿で読んだときのことは今でも鮮やかに思い出される。

まずⅢ章の「出版ジャーナリズムの経済的特質について」で，岩崎氏は“日本経済の中での出版業の位置”を，①書籍の定価決定の基礎，②用紙，③印刷および製本，④販売機構，⑤広告，⑥輸送手段，⑦その他日本資本主義の全機構と関係して，の七つの項目によって分析する。さらに“新しく激しい競争の下で”において，出版業界について，①出版産業の近代化，②「本という商品」と国民，の二つの項目によって描いている。

そして氏は「日本の資本主義の中での出版産業の位置」を読者にわかりやすく説明するために次の図を用いてこう記す。

出版業はたしかに中小企業群であって，国家独占資本主義といわれる今日の日本資本主義の主要な機構から外れた存在ではあるけれ

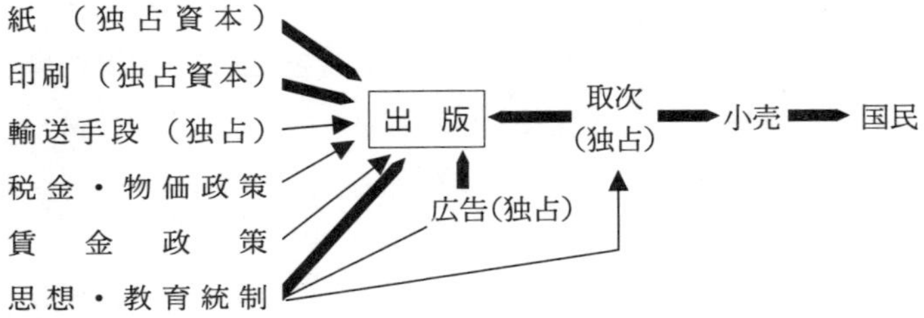

［注］独占資本は基本的には大工業と大銀行の合体資本・広告・取次・輸送手段などの独占事業は，国家独占資本主義にあらわれたさまざまな独占の形態。なお，こうした機構全体が，「アメリカがくしゃみをすれば日本が風邪を引く」ような間柄で，アメリカの政治や経済と密接に結びついていることを見のがすことは出来ない。

ども，決して無縁な独立的存在ではなく，かえって全面的に，よってたかって独占資本の支配を受けつつ，その下でその支配におもねりながら利潤生産をつづけている特殊な「産業」である。独占資本の半製品や部分品の生産を受けもっている下請的中小企業ではないが，いわば独占資本の特殊な外業部的形態として存在している中小企業群が今日の出版業であるということが出来るであろう。

「独占資本の特殊な外業部的形態として存在している中小企業群が今日の出版業である」という岩崎氏の分析は，これまでの出版研究にはなかったものであった。そして氏は“新しく激しい競争の下で”の項において，今日の日本全体の動向の中で出版業はどうなりつつあるかについてこう記す。

出版業でも他産業と同じように，大手企業群が業界全体の中で占めているあらゆる分野での力は，非常に大きい。しかしながら，「出版における独占の問題」は，製紙・印刷・取次・広告その他の独占と付随して考えられるのであって，出版資本が直接大銀行と結合して，しかも国家の介入によってさまざまな利益を受ける独占資本を形成しているという形態は，基本的にはないと見てよいだろう。

そして出版企業は，独占資本主義の時々刻々の要求に事実上支配されながら，同時に資本主義につきものの激しい競争にかり立てられつつ，その下で各個に「自由な」利潤生産を営んでいる。

たとえば，大印刷会社が高速度輪転機を一層導入することによって，ある出版企業はそれに見合った出版企画を樹てざるを得なくなる。また，ある大広告会社の一層の事業拡大要求のために，それに見合って広告収入に，より依存する出版企画を樹てるようになる。そうしたことが出版業に一層新しく激しい企業競争を呼び起す。出版企業の自主性や独立性は一層困難になり，出版事業に必要な理性は失なわれるようになる。そしてこれらのことは，日本の作家たちを「多作の泥沼」(伊藤整「小説家と読者と出版社」,『岩波講座・現代』10巻「現代の美術」所収，昭39）に追いやり，学者その他著作者一般の活動をより「売れるもの」という基準の方へ引きずりおろすのである。そしてまた，出版企業の内部においては，編集者やその他の労働者の仕事の仕方が，たとえば印刷会社の機械の予定表に一層合わせるような形態に変えられてゆくのである。

このような状況の進行が，今日の出版におけるマスプロ，マスセール，ベストセラー主義の経済的根拠である。そして，このような状況が，経済的にも社会的にも支配的になればなるほど，出版業における大手企業と中小零細企業との力の格差は拡大し，中小零細企業の「自由」な利潤生産は一層困難になる。そして，出版企業家たちをいや応なく，ビルの建築・企業分離はじめさまざまな資本の合理化にかりたて，そうした体制に呼応出来ない者は脱落・倒産しかないという，厳しい，そしてますます不安定な形で，現実には日本の出版事業の「近代化」「産業化」が進められているのである。

ある研究者の盗作と謝罪

1967（昭和42）年の3月頃だったかと思うが，ある日，岩崎氏が圖書新聞社に来られ，私にＹ社の『マス・コミュニケーション入門』（昭和42年2月23日刊）の76頁をみせてくれた。

「日本の資本主義の中での出版業の位置」という「図」が，まず眼に飛びこんできた。岩崎氏の本の「図」と同じである。その下に（注）として「岩崎勝海『出版ジャーナリズム研究ノート』圖書新聞社，1965」とある。急いで本文を読んでみると「外業部的形態」をはじめ，岩崎氏の分析や記述を多少表現と文章の構成順序などは変えてあるもののソックリである。「岩崎氏が指摘しているように」という語句が一ヵ所だけあるが，岩崎氏の本からの引用文と筆者の文章との区別（「　」で引用文を示す，など）がまったくない。だから「図」だけを岩崎氏の本から借りた，と，読者は思ってしまう。

この本は，有名大学の教授・助教授・講師11人の分担執筆であるが，編集過程で誰も，こうしたことをチェックできなかったのであろうか。

岩崎氏は穏やかな人柄で，36年間のつきあいの中で，氏が激したり，ことばを荒げたりしたことを私は見たことがない。このときも，「学者や研究者たちは，われわれ編集者とちがって時間があるのだから，こうしたゴマカシに頭を使うのではなく，自分独自の研究を深める努力をしてもらいたいものですね」と言い，少し悲しい表情をした（氏は，その後，Ｙ社の編集担当者に会い，引用文と，筆者の文章との区別，一部書きなおしなど，を求め，筆者とＹ社は，その非を認め，これに応じた，という）。

岩崎氏はジャーナリズムとともに，日本のアカデミズムやアカデミシャン（大学・研究機関などでの学問研究。学者・研究者たち）の動向への目くばりと，勉強もつづけており，「ジャーナリズムとアカデミズム」についての研究書の執筆も志していた，と思う。それだけに教授・助教授たちが椅子に安住し，研究を怠って他人の著作物の文章を盗んだり，また“学界封建社会”といわれる学者・研究者たちの人間関係，政府権力（文部省その他）へのおもねり，権威主義的な“官学風”な学問態度，そしてアメリカへの「ひもつき留学」などに，なだれ込む研究者たちへの，岩崎氏の批判の眼は鋭く，きびしかった，と私は思っている。

3

出版人が理性をとり戻すことを訴える

岩崎氏の本から私が学んだものは，上記したようにⅢ章「出版ジャーナリズムの経済的特質について」と，以下に記すⅣ章の「出版という職業――主として編集者の仕事について」である。

岩崎氏は，このⅣ章で，その仕事の形態，創造の喜びと現実，編集者の資格とは何か，の3項目にわけて述べる。そして出版ジャーナリズム――出版企業家，出版編集者たちが社会に対して持つ責任についてこう記す。

> 編集者は「作家や評論家になるまでの腰かけの仕事だ」とかいわれてきた。そして，弱体なその社会的基盤の上で，著作者の周辺を飛び廻って激しい不規則な生活を送って身をすりへらすその仕事に対して，「編集者35歳停年説」とか「編集者関取論」（若いうちがかせぎ時で早く老いるという意味）とか，「編集者女給論」とか，さまざまなレッテルが貼られてきた。そして，今日においても依然として「本当に一生を託する仕事かということに確信を誰も持ち得ない」という状況ではあるが，にもかかわらず現実に幾百千の大学卒業生が年々魅力を感じて出版という職業に向って押しかけてきているのだから，そのこと一つをとっても編集者の社会的地位は，かなり向上したといわなければならないだろう。
>
> この章の結びとして，編集・出版という職能が社会に対して負っている責任の問題に一言ふれておこうと思う。

今迄の考察によって，今日の日本の出版ジャーナリズムは，2千余の出版企業によって資本主義的利潤生産として創造され，販売機構を通して国民の出版文化（学問，芸術，教養，娯楽の印刷部門の一切）に対する要求を満す責任を担うという社会的役割をいや応ない関係で持っていることを学んできた。そして，その日々の活動の歴史的社会的経済的な動態について不十分ながら素描を試みてきた。そして，出版という仕事の社会的役割について，イギリスの自由主義的政治家ジョン・モーリー卿 John Morley（1838–1923）は，「現代における最も輝かしき著作者の一人はいみじくも言った。偉大な出版業者は一種の文化大臣ともいうべきものであって，政治家たるの資質を具えずにすませるわけのものではない」という言葉を残している。また，日本でも「一つの雑誌はよく一個の大学に匹敵し，その編集長はまさに総長である」ということがいわれている。

こうした“栄誉”は，出版という職業にのみ与えられている金銭では得られない大きな「報酬」，あるいは第一義的な資格ともいうべきものである。そしてこの第一義的な資格は，今日の日本の中で出版業が，すべての他の産業と同じように，資本主義的利潤追求運動として営まれることから生ずる多くの矛盾の中で現実には追求されるのである。だから，いかにマスプロ，マスセールが支配的な出版ジャーナリズムの形態になろうとも，いや逆に，そうなればなるほど，この第一義的資格はすべての出版という職業を選んだ人によって追求されなければならない。そして，もう一度重ねてくりかえすならば，今日，農村地帯においてさえ60%以上の高校進学率を持つ日本国民の状態というものは，決して文盲でも無知・無批判の状態でもなく，まともな生活を求め，そして切実に知的文化的な出版物や健康的な娯楽としての出版物を要求しているということの社会的証左である。その意味で出版は今日決して“斜陽”ではなく，社会の進歩とともに発展する事業である（そのことは今迄の歴史の中で既に見てきた如くである)。

もし，あらゆる努力をはらっても，マスプロ，マスセールが支配的な形態では，一方でいかに出版者や編集者その他の経済的地位が向上したとしても，出版事業の中に理性が失なわれて「日本国民の文化的要求に応えることは出来ない相談だ」ということになるのならば，今日の出版ジャーナリズムの方向は，もはや本来的な意味で，出版文化とは縁もゆかりもない，「似而非出版」であり，社会の信託に対する背徳ということになるであろう。私は今その答をもっていない。これは大きな，そして緊急な研究課題である。

岩崎氏のこの文章は，日本の敗戦の年（1945〈昭和20〉年）から20年後に書かれたものである。そして，さらに35年が経過した2000（平成12）年の現在においても必読のものといえるだろう。特に「……出版者や編集者その他の経済的地位が向上したとしても，出版事業の中に理性が失なわれて『日本国民の文化的要求に応えることは出来ない相談だ』ということになるのならば，今日の出版ジャーナリズムの方向は，もはや本来的な意味で，出版文化とは縁もゆかりもない，『似而非出版』であり，社会の信託に対する背徳ということになるであろう」という指摘は重要である。

女子アナ（アナウンサー）を追っかけ，女優・モデル・タレントたちの人権をかえりみない，ヌードとヘアの写真集出版に血眼になる編集者。また，ある出版社の社長は編集者たちに向かって「売れる本を企画するのが真の編集者である」「世間からどのように言われようとも，出版屋の編集者に徹してもらいたい。“文化的”とか“志を持つ”などという出版社にされて損をし，困るのは社長の私なのだ」。そして取次会社のある幹部はこう言ったという。「本と雑誌には２種類あるだけである。まずよく売れる本と雑誌——われわれはこれを“ご本様”“雑誌様”という。売れ行きがニブイものには“様”はつけられないのでアル」。

現在，マスプロ，マスアド，マスセール（大量生産，大量宣伝，大量販売）が主流の出版界の中で，上記のような発言は決して珍しくはなく，ますます“力”を強めてきている，といえよう。それだけに「出版事業の中に理性をとり戻し，国民の文化的要求に応える」ことを強く訴えた岩崎氏のことばは，“ＩＴ革命による出版界の変貌”等々が言われている今日でも，いっそうの“重さ”を増しつづけるもの，と私には思われる。

4

切り離せない編集と執筆活動

岩崎氏は『出版ジャーナリズム研究ノート』出版以後も日本の言論・出版・学問についての文章を様々な新聞や雑誌等に発表し，岩波書店での定年の年である1985（昭和60）年，これらの文章をもとに編集した『編集長二十年――古い机の引出しの中から』（高文研刊，３月29日第１刷）を出版した。Ⅰ　編集の現場で／Ⅱ　学問の周辺を／Ⅲ　あの時この時／Ⅳ　出版の構造について／の４章から成っているが，岩崎氏は，本書出版の意図について「まえがき」でこう記す。

> …（略）…今年は早くも敗戦から四十年であり，この機会にぜひ一度ならず，日本の言論・出版や学問の，戦中から戦後，戦後から今日への推移を，あらためて検討してみていてだきたいと考えるからである。その際に，これらの文章は，取っ掛りの資料として，なお十分お役に立つだろうと思っている。…（略）…

ところで“超多忙”な編集活動の中で，著書や論文を発表しつづけている岩崎氏の勤勉ぶりに対して，私は畏敬の念をいだいたが，氏とのつき合いを深めていくうちに，氏の「執筆活動」というものは，本業の「編集活動」とは別箇のものではなく，編集と執筆とが表裏一体のもの，切りはなせないものであることが次第にわかってきた。

ある時，喫茶店で岩崎氏は，私にこう言ったことがある。

戦後，編集者への世間的評価は上がってはきましたが，作家・学者・研究者・評論家たちのための黒衣（くろご）や，走り使い的な存在に見られるという風潮が全く無くなっている，とはいえません。だから編集者の中には，編集の仕事は，作家や評論家などになるための腰かけの，一時的なものだと考えて適当に毎日を過ごし，夜中や休日などに作品を書くことに力を注ぐ人がいます。それは個々人の自由ですが，私は，出版編集という日常の活動に全力を投入し，そこで考えたことを文章にまとめ，そして，さらに編集の仕事を深めていこうと思っています。

「国民の出版文化に対する要求を満す責任を担うという社会的役割を果たす」編集活動というものを第一義的に考えていた岩崎氏から，私は人間の生き方について改めて教えられた，との思いが深い。

5

「名著の履歴書」と，岩崎氏の考え方

岩崎氏の編集者生活は1949（昭和24）年，岩波書店への入社から始まった。1950（昭和25）年，雑誌『文学』の編集担当になり，1955（昭和30）年，「岩波新書」編集部のスタッフに加わり，以後，他部に移ることなく「新書」編集一筋の道を歩んだ。

毎日出版文化賞を受けた大牟羅良『ものいわぬ農民』，並木正吉『農村は変わる』，菊地敬一・大牟羅良編『あの人は帰ってこなかった』，岩手県農村文化懇談会編『戦没農民兵士の手紙』，沢内村村長の苦闘を描いた『自分たちで生命を守った村』，小林綾『部落の女医』，阿波根昌鴻『米軍と農民』，堀江正規『日本の労働者階級』，宮田光雄『非武装国民抵抗の思想』，森永種夫『犯科帳』，渡辺洋三『法というものの考え方』等々は，氏の企画・編集によるものである。

「時代を透徹した眼でとらえ，そのなかから社会進歩と歴史の良心を表現し得る題材を掘りおこし，企画・編集していった名編集者」という橋本進氏のことば（『ジャーナリスト』510号，岩崎氏への追悼の文章）は岩崎氏の仕事の姿勢を的確にとらえたものといえるが，前記の渡辺洋三『法というものの考え方』をめぐって岩崎氏の考え方と行動を示す一つのエピソードがある。

私が『圖書新聞』編集部を離れ，単行本の出版部を新設する仕事に就いた（1963〈昭和38〉年11月）ことは既述したが，1966（昭和41）年2月から1969（昭和44）年3月まで，『圖書新聞』編集部では「名著の履歴書」という連載を行った。戦後史の中で，名著と評価されている本について各社の担当の編集者に執筆してもらうというものであった（この連載は『名著の履歴書――80人編集者の回想』という書名で日本エディタースクール出版部から上下巻として昭和46年12月に発行）。

ところで1968（昭和43）年2月の中旬頃だったか，と思うが，この連載担当の，後輩のO君が私の机の所にやってきて，困った顔をして言った。「渡辺先生の『法というものの考え方』は，私の学生時代から今日まで，くりかえし読んでいる岩波新書の中の名著だと思ってきましたので，この本の編集担当の岩崎さんに会って執筆をお願いしたところコトワラれました。『出版ジャーナリズム研究ノート』以来，岩崎さんと宮守さんは親しい間柄だし，喜んで書いてもらえると思ってうかがったのに……。お二人の間で，最近，何か気まずい出来事でもあったのですか…」と言う。

校了への追い込み作業で超多忙であったが，私は岩波書店へタクシーをとばした。喫茶店で岩崎氏と会い，それから数日後，O君が岩崎氏と話しあってインタビューの形で記事をまとめること，「岩波新書」編集部として発表すること，ということで話がまとまった。

このインタビュー記事は，1968（昭和43）年3月16日号に掲載されたが，その始めの部分の氏の文章を以下に紹介する（岩崎氏が，なぜ自分の氏名を出して『法というものの考え方』について執筆することをO君にコトワったのか，がよくわかる。そして岩崎氏としては，あくまでも「名著の履歴書」については語りたくなかったと思うが，“インタビュー記事”“岩波新書編集部”の線で妥協してくれたのは，若い編集者O君への，岩崎氏らしい“思いやり”ではなかったのか，と思う。そして“新書編集部”としたことは，編集部のスタッフ全員の協力のもとに，それぞれの本が企画・編集されていること，個人だけの力ではないこと，を岩崎氏が，常に心に強く刻みつけていたことを示している。私は改めて，氏の人柄について感じ入ることがあった)。

――「名著の履歴書」の一つとして，渡辺洋三先生がお書きになった『法というものの考え方』(岩波新書)をぜひ今回取り上げて，その編集意図や苦労話をうかがいたいのですが……

「それは，大変有難く，結構なことです。しかし，私どもは，日頃第一に，これまで岩波新書に執筆していただいた先生方の御労作のすべてが，どれもすぐれた書物だと考えております。そのことに誇りと自信をもって働いております。第二に，編集者が先生方の御労作に対して，企画の意図や編集上の苦労話などを述べるということは，もしかりに如何なる苦心があったにせよ，編集者の仕事としてはあたりまえのことをあたりまえにしただけのことですから，語るに足る程のものではないと考えています。そして，そもそも“名著”といわれるものは，本を読まれた読者の方々によって“名著”であるかどうかが判断されるのでありますし，また，なによりも編集者の苦労ではなくて，先生方の日頃の御研究や，世の中にその成果の一端をどう伝え，訴えるかということではらわれる努力のほうが，はるかに大変な御苦労であると思います。ですから，もし渡辺洋三先生の『法というものの考え方』の意図や苦労話をうかがいたいのならば，先生にたずねられて記録なさるべきではないでしょうか」

――よその多くの出版社では，ずい分苦労話をうかがいますが，岩波新書は老舗だから，苦労があまりないのですか……

「そういう面もあるいはあるかも知れません。日本の出版事業はお互いに大変やっかいで複雑ですから，よその出版社の方々の御仕事も本当に大変だろうと思います。しかし，私どもも一つの叢書を三十余年も続けているということの苦労は，勿論沢山あります。けれども，それは，なによりも，各分野のすぐれた先生方の御協力と，岩波新書を日常の精神的糧として受けとって愛読して下さる多くの読者の方々の御支持とによって，今日まで続けてこられているのであって，そのことを考えれば編集部にどんな“苦労”があっても，それは苦労とよばれるものではないと考えているのです。」……（略）……

6

「岩波文庫」の活性化に努力する

1971（昭和46）年４月，岩崎氏は「岩波新書」の編集長になり，1975（昭和50）年には「岩波文庫」の編集長を兼任することになった。

「長としての岩崎さんが最も心血を注いだのは，75年以降の岩波文庫の立て直しではなかったか。文庫は長い歴史で沢山の財産を抱えながら，却ってその重さで身動きしにくい状態になっていた。新刊の部数も減っていた。何となく冷たい周囲の眼の中で，スタッフを激励しつつ，社内会議でも懸命に文庫盛り上げの論を張った。『ジュニア60選』『シニア70選』，新しいカバーかけ，拡大特装版などは，活性化・現代化のために考え出された必死の方策であった」と，岩崎氏とともに働いた小川寿夫氏は記している（『出版ニュース』2000年10月中旬号「書籍で情報を発信する志」）。

当時，岩崎氏は私に次のように話してくれたことがある。

岩波文庫の中には1920年代や1930年代の翻訳や，戦前期の校訂・校注，旧字・旧カナのものがありました。これをこのままにしておいては現代の読者への普及はとても無理であること，古典は，いつも時代時代によって，たえず新しく見出され，見直されるものであること，文庫の☆印に固執しない新しい定価政策が必要なこと等々を会社の会議で提案し，その一つ一つが順次実行されていきました。そして新刊の部数が確実に年々上昇，まもなく初版部数が倍増し，私もスタッフもホッとするとともに嬉しい気持でいっぱいでした。

「岩波ジュニア新書」の創刊へ

1978（昭和53）年３月，岩崎氏は「岩波新書」編集長から児童・教育ブロックの課長として「岩波ジュニア新書」の創刊にあたることになり，その編集長となった。「若い世代の人達に直接届くような本をつくりたい」という氏の10年来の提案が，ようやく社の会議で承認されたからである。

1979（昭和54）年６月21日，石田和男『思春期の生き方――からだとこころの性』，山根銀二『ベートーヴェンの生涯』，池田理代子・宮城まり子・石垣綾子ほか『わたしの少女時代』，新藤兼人『映画つくりの実際』，早乙女勝元『東京が燃えた日――戦争と中学生』の５点が同時発売された。

つづいて伊東壮『1945年８月６日――ヒロシマは語りつづける』，沢寿郎『鎌倉史跡見学』，岡村黎明『テレビは変わる』，茨木のり子『詩のこころを読む』，田代三良『高校生になったら――学力・体力・生活力』，永原慶二編著『カレンダー日本史――一日一話』などが刊行されていく。

「岩波ジュニア新書」の創刊までの経緯の文章は，前記した岩崎氏の著書『編集長二十年』に収められているが，その中に次の記述がある（24～43頁）。

〈岩波ジュニア新書〉を刊行したとき，社内でも，お母さんが買ってやるのじゃないの，とか，子どもは読まずに大人が読むのではないのとか，いろんな声もあったのですが…（略）…

出版した時点においても，このように，「岩波ジュニア新書」出版への社内の反対と風当たりがあった。ましてこの企画を提案した段階では，いっそう反対論が多かったようである。ずっと後年になって，氏は「『岩波新書』は若い層の読者も多い。だから『ジュニア新書』の刊行は屋上屋を架すものだ。そして読者をそれぞれ減らすことになるとか，様々な声が私の耳に入ってきました」と，語ったが，刊行までの期間，何回か氏とお会いしたときは，当然のこととはいえ，いつも，たいへん疲れた表情をされていた。そして，あるとき「宮守さん，サラリーというものは，ガマン料かもしれませんネ」と言ったことがある。自らの，信ずる企画の実現にあたって，いつも生き生きと行動してきた，これまでの氏しか見ていなかった私には，このことばは，少し意外であった。そして疲労と，苦しそうな氏の顔は今でも思い浮かべることができる。

この頃の“苦悩”について，氏は亡くなるまで私たち仲間にも語ったことはなかったが，「岩波ジュニア新書」の創刊から岩崎氏とともに働いた島崎道子さんが「岩崎勝海さんとのお別れの会」（2000年10月14日，東京新宿の京王プラザホテル）で話されたことを聞いて，私は岩崎氏の，当時の苦しさの原因の一端を理解することができたように思う。

それは「私の編集上の師は戸坂潤氏と岩波書店の先輩・吉野源三郎氏です」と話したり書いたりしていた岩崎氏であったが，島崎氏によれば，ある日，岩崎氏は吉野氏の部屋に呼ばれ，「岩波ジュニア新書」の刊行ではなく，「岩波新書」のいっそうの活性化に力をそそいでもらいたい，と言われた。話し合いの末，ようやく吉野氏が岩崎氏の考えを認め，「とにかく注意してやるように」と言われたという。

「編集上の師」である吉野氏から，最終的には承認されたものの，このことは岩崎氏にとって苦しかったことであろう，と推察される。

「岩波新書」の初版部数の半分の部数を目指した，という「岩波ジュニア新書」は，それぞれ好調な売れ行きを示し，茨木のり子『詩のこころを読む』などは30数万部出た（島崎氏）という。

「編集という仕事の公式」とは？

1983（昭和58）年，岩崎氏はＡ５判の『これからどうなる――日本・世界・21世紀』『WOMEN 351 女たちは21世紀を』『現代ふるさと情報』『現代産業情報』を企画刊行した。これらは“新しい情報型書籍"として注目された。

岩崎氏は1985（昭和60）年３月31日，定年となったが，以後1988（昭和63）年まで編集顧問をつとめて岩波書店を退社した。

なお岩崎氏について語らねばならないことは様々あるが，今回は岩波書店の編集者としての氏の足どりだけをたどってみた。

岩崎氏は逝った。そして今，私の机の上には「編集という仕事の公式」という文章が遺されている（前掲の『編集長二十年』44～45頁)。以下，これを紹介して拙稿の結びとしたい。

> 人間は，生まれてから死ぬまで，毎日無数にあるさまざまな情報を，あるいは選び取り，あるいは棄て去りして，一日一日の生活を編み，そして人生というものを編んでゆく。だから，外山滋比古氏の「人間はすべて生れながらのエディターである」(『エディターシップ』) という言葉は，なかなか正鵠を射ている。人間すべてがエディターである中で，社会において，しかも職業としてエディターあるいは編集者であるわたしたちは，しばしば「編集という仕事は，ほんとに楽しいでしょうね」と，うらやましがられる。それは，人間の人間的な資格を，職業として毎日行なうというところに，人びとの羨望の矢が向けられるのである。私も，その点で外山氏と同じように，編集という仕事は「おそらくこの世の中でもっとも生甲斐のある職業のひとつ」であると思っている。

一方で，人間はみなジャーナリストであるという言い方がある。1930年代の思想家・戸坂潤は，「人間が社会的動物だということは，……人間がジャーナリスト的存在だということである。この点をもっとも適切に言い表した者はギリシアの哲学者達であって，人間はロゴス（言葉）を有った生物だといったのである」（『ジャーナリスト論』）と語っている。人間は，ひとりひとりが社会と離れて人生を編んでいるのではない。社会的動物として，たえず表現報道活動を行ない，歴史と文化を形づくる。だから，人間はただおしゃべりをする動物なのではなく，なんらかの必要があって，表現・報道，つまりしゃべり出すのである。このように人間のすべてがジャーナリストである中で，職業としてのジャーナリストであるわたしたちについて，戸坂は「実はアクチュアリティーを捉えることこそジャーナリストの使命なのである。大事なことはそして真理は，いつも具体的であり，アクチュアル（現実的）であるということだ。ここに初めて本当の科学性と常識とが同時に横たわることが出来るのである」といっている。この指摘も，編集という仕事が「この世の中でもっとも生き甲斐のある職業のひとつ」ということを補完する，もう一つの側面である。また，逆に，職業としてのジャーナリストであるわたしたちに対して，はたして「人間的なジャーナリストの資格に値するジャーナリストか」どうかという，戸坂の厳しい問いかけにもなるわけである。

さて，人間がみな生れながらのエディターであり，ジャーナリスト的存在である中で，わたしたちが今日，それを，しかも職業としているということについて，その社会的かかわり方を明確に位置づけた定義が，もう一つある。それは，「編集という仕事は，社会の信託を受けてはじめてなされるべき仕事である」（『ジャーナリスト』）という，吉野源三郎氏の言葉である。人間の人間たる資格や存在において，みなエディターであり，ジャーナリストなのであるから，それを社会においてプロフェッショナルになす者は，その仕事を社会から信託されて，はじめてなし得るのだというこの指摘は，するどく，編集という仕事の社会的責任を位置づけた規定である。

この人間として編み，社会的に表現・報道し，それを職業として行なうという関係，すなわち「anthology-actuality-professional」の方程式を，私は編集という仕事の公式と称している。

（2000年10月記）

〔追記〕2002年８月18日，『言論に理性を　出版に文化を――岩崎勝海の仕事と生き方』（追悼集刊行委員会編，Ａ５版312頁，2000円）が刊行された。

連絡先：コマエスクール　〒151-0051　東京都渋谷区千駄ケ谷1-24-12　橋本進方

あとがき

私が『圖書新聞』編集部に在籍していたとき，同紙上に１年間連載した「巷説出版界」を読んでくださった中央大学出版部の奥田晴義氏，勇伊博司氏が『ひとつの出版・文化界史話——敗戦直後の時代』（Ｂ６判253頁，ＵＬ双書４）として出版したのは昭和45年３月10日であった。

圖書新聞社社長田所太郎氏，編集長山形暢彦氏の発案で，日本の敗戦（昭和20年８月15日）から数年間の出版・文化界の主な出来事を物語風な記録として綴ったこの連載は，昭和32年９月21号から始まり，翌33年10月４日号で終了した。

「新生社と青山虎之助」「戦犯出版社の追放をめぐって」「中央公論社再建と嶋中雄作」「悲劇の人・山本実彦」「『世界』と岩波茂雄」「“鎌倉商人”てんまつ記」「文藝春秋新社の発足」「雑誌『苦楽』の盛衰記」「『展望』の創刊された頃」「和田芳恵と中間小説の勃興」「『思潮』とランボオ」「焦土に生まれた新人作家」「『リーダイ』繁昌記」「“落札”制下の翻訳書」「敗戦直後に売れた本」「一にも紙，二にも紙であった頃」「さらば，『日配』よ」の全17話が，その内容である。

ところで，この本が刊行された２ヵ月前の１月14日，私は圖書新聞社を辞した。『日本読書新聞』から通算すると約22年間の書評新聞記者生活であった。

以後，新しい出版流通機構をめざしたが挫折した「全日本ブッククラブ」（社長＝野間省一日本書籍出版協会会長・講談社社長）の図書選定部，教育系の出版社，専門学校と大学のマスコミ講座の講師として働いたが，この間，私は書評新聞記者時代の多くの取材ノートや日記，出版関連の図書や雑誌，各種の資・史料に眼を通し，またテーマによっては再取材して，昭和激動期に苦闘した数多くの出版編集者の航跡を記録して，出版界志望の学生や各出版社の若い編集・営業の方たちに読んでいただきたい，と考えていた。

昭和63年4月1日，岩波書店を“卒業”した岩崎勝海氏のための，ささやかな慰労会が新宿のAビヤホールで開かれた。永年，氏と交流があった橋本進氏（元中央公論社），奥田史郎氏（同），横山和雄氏（元全印総連調査部・元『日本印刷新聞』）と私が参集したが，この席上，月1回集まって，出版ジャーナリズムについての雑談や，時にテーマを決めての研究と討論，その他情報交換のための会を開こう，ということになった。岩崎氏が狛江市内に近いうちに事務所を開設するので，そこで集まろう，ということにした（その後，橋本氏の案で会の名前が「コマエスクール」と決まった）。

会合をかさねるうちに，会員5人の，それぞれの学習の成果の一端を発表するメディアをつくってみないか，ということになった。

平成4年11月20日付で，年1回刊行の『20c.～21c.　マスコミ・ジャーナリズム論集』（A5判128頁，コマエスクール刊）が創刊された。「21世紀を前にしての私たちの“新たな現役宣言”ともいうべきもの」（発刊のことば・岩崎）であった。以来13年，雑誌は今年で13号となった。

このたび出版の『昭和激動期の出版編集者――それぞれの航跡を見つめて』は，同誌に発表した文章のうち9編を収録したものである。同誌の1号分の私の文章は400字詰め原稿用紙40枚前後，“1回読み切り”の形をとったが，単行本化にあたっては，時の流れに従うように配列し，I～IXの章をたてた（各文章の終わりのカッコ内に雑誌発表時の執筆年月を記した）。

ところで書名のはじめにつけた“昭和激動期”は，本書では次の時期のことである。アメリカとイギリスに宣戦布告した昭和16年前後から，学徒出陣，広島・長崎への原爆投下，日本の敗戦，アメリカ軍の占領，天皇の人間宣言，新憲法の公布・施行，朝鮮戦争，日本が「独立」した対日平和条約と日米安全保障条約の締結，そして自民党が衆議院で単独採決した安保条約の改定と，これに反対して全国的にまき起こった戦後最大の民衆運動（昭和35年）と，10年後の同条約の自動延長成立（昭和45年）の時期までである。

本書のⅠとⅡは，日本の軍国主義体制末期，13にのぼる言論統制法規によって言論・出版の自由が極度に奪われ，また官憲や，これに迎合する学者・文化人・新聞記者・出版編集者たちの監視下に孤立無援の活動を強いられた書評新聞と総合雑誌の編集者の軌跡を記した。特にⅡの“横浜事件”はⅧにおいて，さらにくわしく述べた。

Ⅲは朝鮮戦争勃発（昭和25年6月）とともに行われたアメリカ占領軍による“レッド・パージ”について，特に未発に終わった29の出版社追放の真相を私の直接体験として記した。

Ⅳは『アサヒ　グラフ』の編集者たちが，日本が「独立」（昭和27年8月5日）した8月，GHQ（連合国軍総司令部）が，それまで発表をきびしく禁じてきた広島・長崎の原爆被害の写真を，すべてのメディアに先駆けて公表（8月6日号）した経緯を綴った。

Ⅴは『中央公論』とともに戦前からの永い伝統を持った『改造』の廃刊に至るまでを「壁新聞」事件とGHQ，8名の編集部員の解雇，多数の文化人による「『改造』を守る会」の活動などを通して描いた。

Ⅵは戦没学徒の遺稿集『きけ　わだつみのこえ』などの編集・出版にたずさわった編集者たちのこと，Ⅶは昭和35年の“60年安保条約改定”反対運動の攻防の様相を，記者としてその渦中にいた私の見聞を記した。

ところでⅧとⅨは私の敬愛する二人の方，畑中繁雄氏と，私たちの雑誌『20c.～21c.　マスコミ・ジャーナリズム論集』発刊の主唱者である岩崎勝海氏の死にあたっての追悼文といえるものである。お二人にお会いすることは，もうできなくなってしまったが，畑中氏のことば――「……将来いつの日にか　核なき世界の恒久平和を……」（217頁），そして「言論に理性を　出版に文化を……」と言いつづけた岩崎氏のことばは，私の中でこれからも強く生きつづけていく，と思う。

本書の刊行にあたっては次の方たちのお力添えをいただいた。その氏名を記し，改めて厚くお礼申し上げる次第である。

勇伊博司氏，橋本進氏，奥田史郎氏，横山和雄氏，岩崎美知子氏，坂口顕氏，山口和子氏，田川浩之氏。そして出版まで，ごめんどうをおかけした中央大学出版部の平山勝基氏に感謝いたします。

平成17年２月13日

宮　守　正　雄

宮守　正雄（みやもり　まさお）
1924年　東京に生まれる
1942年　中央大学（旧制）法学部予科入学
1944年　在学中徴兵（東部第六部隊に入隊）
1946年　中国大陸の戦場から復員，復学
1949年　中央大学法学部卒業，日本読書新聞（日本出版協会刊）編集部入社
1950年　圖書新聞社編集部に移る
1970年　同社を退社（編集部次長・出版部長）全日本ブッククラブ入社
1973年　同社を退社（選考会事務局長）
1980～2001年　中央大学マスコミ講座講師，千代田学園マスコミ文芸科教員
著　書：『ひとつの出版・文化界史話――敗戦直後の時代』（中央大学出版部）

昭和激動期の出版編集者

2005年5月18日　初版第1刷発行

（検印廃止）

著　者　宮　守　正　雄
発行者　辰　川　弘　敬

発行所　中央大学出版部
東京都八王子市東中野742番地1
郵便番号　192-0393
電話0426(74)2351　FAX0426(74)2355
http://www2.chuo-u.ac.jp/up/

印刷・大森印刷／製本・法令製本
ISBN4-8057-6153-9